U0449177

# 这个国家的新国货

吴晓波频道 主编

中国友谊出版公司

## 复兴美好：人是新匠人，货是新国货

2015年，吴晓波频道首次提出了"新中产"这个概念，2017年，定义了当代的"新匠人""新国货"，这是我们从需求和供给两端分别做出的趋势判断。这个判断既立足于当下中国消费升级与制造强势崛起的事实，也呼应了百余年来国货品牌曲折发展的激荡历程。

### 复兴：三次国货运动的思考

中国2000多年的文明史在商业上成就耀眼。公元前7世纪，齐国就提出了"匠人"的概念，第一次以专业分工的方式来进行产业和人群分割。在手工业时代，我国的专业化分工程度比欧洲先进了近1000年。

工业革命以后，我们在手工业时代形成的产业分工、阶层分工和产品形态都遭遇了巨大的冲击。1919年"五四"运动时期，当时的年轻人设想未来的国家形态，认为应该断绝和老祖宗的关系。我们曾经有过一个和传统决裂的过程，在当年如果谈论传统文化复兴，就等于是一个落后分子。

100多年来我们的思想、产业经历了很大的反复，在研究当前这一轮新国货大潮之时，我们发现很早就有学者和企业家在思考这个问题：在现代化道路上，传统给我们的东西，到底意味着什么？

1904年，美国举办了第一届世界博览会，当时大清政府派了一个官方代表团，用大概50平方米的空间做了一个中国村，里面有很多中国的产品如瓷器、茶叶、丝绸等等。但和其他国家展馆比较，差距就很大了，他们已经有了电报、电话、汽车。代表团回国后，清政府设立了"京师劝工陈列所"，作为官办的工艺局产品展销场。当时，北京、天津、武汉、宁波都设有劝业场——这是中国第一次在现代化意义上，开始重新思考现代化和商品之间的关系，也是中国第一轮的国货运动。

第二轮国货运动要追溯到1984年，改革开放的第六个年头，中国出现了一些创业企业，联想、海尔、万科、健力宝、科龙这些企业都是在1984年创立。此后中国在轻工业领域发起了一场国有品牌的运动，一直到1998年因为经济金融危机爆发而告结。

在这一轮国货运动过程中，中国在吃、穿、用三个领域，如食品、纺织、饮料、服装、印染、家电等行业都出现了一系列品牌。

第三次新国货运动起点在2015年。这一年，供给侧改革的提法首次出炉，新产品和新品牌的迭代进程加速，中国产业经济和消费结构发生了重大的变化：

在供给端，2009年中国的汽车产量超过了美国，如今中国生产了全世界60%的消费品，中国在制造业展现出强大的能力；

在消费端，庞大的新中产群体出现了，他们愿意为美好生活买单，不再仅满足于产品的性价比，开始寻找更高品质、更好审美的产品。

以上两者的变化构成了中国商业变革的巨大势能，无数兼具技术和品质优势的新国货品牌强势崛起，新商业格局蔚然成型。

## 美好：新匠人、新国货

2019年中国人均GDP超过1万美元，这个时候，我们可以回答第二个主题，什么叫作"美好"。

今天中国的消费品市场上，80后、90后、00后眼中的"美好"与上一代人完全是两回事。第一次深刻地意识到这种差异是在2015年，当时，我在长春调研，一汽相关负责人对我说"2014

年奥迪汽车50%的购买者是80后。"我感到非常吃惊，现在的年轻消费者更愿意花钱，更愿意消费，那这部分人为什么来买单？

其实，美国、日本这些国家人均GDP达到1万美元时发生的事情和中国正在发生的事情一模一样，美国人希望摆脱欧洲在文化上对他们的控制，日本人希望摆脱欧美文化对他们的控制。

今天中国也不例外，本土商业文化开始复兴。

老祖宗留给我们的东西不应该被抛弃，但也不适合原封不动地搬到现代。中国商务部门评定全国级的老字号大概有2000多个，全国的各个县市级的老字号一共有4万多个。如果没有与时俱进，不符合消费者的当代审美，这些老字号很可能仅仅是中国商业史上的一个名词。

所幸，我们看到在国货、国漫、游戏、餐饮等领域越来越多的新中产消费者愿意为中国元素买单。此时，任何一家中国公司和国际公司竞争，至少有一个优势叫作文化优势或审美优势，这样我们在技术、渠道、商业模式上的主动性就会提升，这是第三次新国货运动和第一次、第二次国货运动最大的区别。

当这些趋势发生的时候，我们希望能够帮助这一轮实体经济的创业者在新匠人、新国货的专属平台上蓬勃发展。

2018年，我们和复旦大学合作，推出了"新匠人指数"；我们和京东研究院、淘宝数据库、腾讯微信等大数据机构合作，实现数据库打通……我们希望通过这些举措，能够有更好的分析工具来观察新匠人产品的市场表现。

我们还发起了"让日本看到中国匠"活动,在日本著名的茑屋书店举办了新匠人产品展,带领100多个新匠人到东京进行学习交流。

2019年,我们在北京劝业场发布了中国首份新匠人权威榜单"新匠人100",邀请"中国最好的人像摄影师"肖全为上榜品牌的新匠人拍照,并做成群像展览。

我们出版了《这个国家的新匠人》《造物者》等图书杂志,将新匠人的品牌故事呈现到大众面前。

2020年,我们拍摄的国内首部品牌经济历史纪录片《新国货》上线,我们还尝试新国货的系列直播,为新国货鼓与呼,发布了《2020新国货白皮书》为之提供指导性策略建议。

这一年,新匠人新国货促进会正式启动运营,与吴晓波频道、890新商学联合发起设立的"金物奖",致力于成为中国品牌和产品领域首屈一指的奖项,打造中国新一代品牌与产品创新的风向标。

目前,促进会已汇集1000多家企业,这些企业在2020年天猫双十一中,斩获咖啡类目、乳饮类目、床品类目等十多个类目销量第一。未来五年、十年,我们期待在新匠人新国货促进会的平台上,能够诞生一批新的国货品牌。

我们讨论复兴美好,是因为经过40多年的发展,新国货品牌在完成了量的积累之外，也形成了文化自信、消费自信和品牌自信，它作为全新物种，将重塑中国品牌的结构，在中国商业界掀起"重新想象"的浪潮。

复兴美好：人是新匠人，货是新国货　/1

## 第一章　新审美：从博物馆走出的国潮美学

钟薛高：一个优等生的烦恼　/3

永璞咖啡：如何做一只聪明的黄雀　/13

BOSIE：呼应潮流的少年并不反叛　/24

毛戈平：做品牌就是做长线　/36

朱炳仁·铜：不跟风的老字号　/49

于小菓：用新美学传承食文化　/60

妙手回潮：审美赋能，不能只做"包装设计公司"　/72

## 第二章　新技术：不是引导需求，而是创造需求

极米科技：创造新赛道，打破国际品牌垄断　/87

永艺家具：塑造全球通路，打造新国货　/97

SKG：大健康市场里持续的"自我攻击"型创新　/108

90分旅行箱：整合全球供应链，重塑箱包行业格局　/117

品罗科技：用极致产品力，在"红海"中突出重围　/126

启尔酒具：用航空人的精益求精改变行业　/134

万殊堂：散打起步如何飞跃？　/145

睡眠博士：深耕睡眠领域，打造品牌矩阵　/153

## 第三章　新连接：倾听用户的声音

认养一头牛：善用后发优势，打造差异品牌　/165

大希地：做品牌比做APP难　/175

江小白：品牌唱好戏，产业链搭台　/188

林清轩：用新品类树立专家形象，用本土文化征服消费者　/198

小仙炖：爆火破圈背后，如何让中式滋补乘风破浪？　/208

佩妮6+1：向传统品牌学习，做宽做长赛道　/217

乐范：深耕移动健康领域，以爆品"破圈"　/226

# 第一章 新审美：
# 从博物馆走出的国潮美学

每一次审美迭代的背后都是代际的交替。60后、70后成长的环境和80后、90后的成长环境是天差地别的，比起经历过物质匮乏的60后70后一代，80后、90后是物质丰裕的一代，在满足了基本物质需求的基础上，他们开始追求个性化、小众化的审美。消费对于他们来说更像是一种自我赋值的途径。因此，当80后、90后、00后开始成为主力消费群时，代表着新生代审美的新国货品牌也就顺势崛起了。

## 钟薛高：一个优等生的烦恼

和大部分新崛起的国货品牌一样，钟薛高的崛起也始于"双十一"。2018 年 3 月，钟薛高成立；8 个月后的"双十一"，钟薛高位列天猫冰品类目销量第一；2019 年，钟薛高全渠道销售成交总额过亿。2020 年，销售过亿的目标，钟薛高用了不到半年。

关于快与慢，钟薛高创始人林盛有一套辩证法：以马拉松作比，一开始就需要跑到第一方阵去，因为第一方阵获得的关注更多，资源更多，包括旁边的队友怎么跑，多少会受影响。但没有人可以用百米冲刺的速度来跑完马拉松。进入第一方阵之后，要用更好的方式分配体力，所以，中途可能会战略性落后，甚至在方阵边缘徘徊，但一定要清晰把握自己的快慢，并且有足够的体力去完成最后的冲刺。

迅速发展的品牌，要如何把握自己的快慢？大环境下，是跟随消费节奏还是坚持自己的节奏？短期利益和长期利益如何抉择？重要时机又该如何把握？

## 火爆的"双十一"为何钟薛高如此"克制"？

经历过疫情，2020年的"双十一"，上海永嘉路上的钟薛高办公室看起来有些轻松和平静。钟薛高VP兼电商负责人东哥说："你们应该'618'来围观，那个时候比较刺激，'双十一'并不是冰品的旺季，我们做'双十一'的所有努力，并不是为了卖多少钱，而是保持一种跟消费者的沟通。消费者的注意力是宝贵的，不去做持续沟通就会忘了你。'双十一'这个节点，可能吃瓜群众看的是数字，但是对品牌方来说，看的是一个盘子，通过'双十一'，做明年后台的用户增量。"

东哥穿着钟薛高字样的卫衣，插着兜，作为前广告人，他做电商的方法论也不太一样。"我们的首页永远做得很文艺，配好文案，美的图片，很少写什么'直降多少'。即便是大促，也要把那几个写得很瘦。"

他信奉"正常的消费路径"：看图被吸引，点详情页，看评价。"钟薛高的用户是理性的，能够被种草的是类似于'优质食材''口味好''服务贴心'这样的话术，而不是'直降'。"

流量、战报是几乎所有品牌在"双十一"时必不可少的元素，但钟薛高对此似乎并不热衷。

这两年"双十一"已经非常理性了，"尾款人"时代，大家都被安排得明明白白，大的惊喜已经没有了。商家也在考虑一个基本面，买多少流量是一个通盘考量的结果。在开疆拓土阶段，要甩开竞争对手的时候，在类似双十一这样的节点就需要加大投入把市场份额做上去。所以，大家看到的"战报"是战略的一部分，而不只是一个销售额。假设下一阶段的战略是盈利，那么，投入方面会适当收缩，战报也不会太惊人。东哥进一步为我们解释了这个逻辑线：刚开始高投放，销售额是低的，然后销售额逐步上扬，投放逐步下降，到一定体量的时候，不用投放也会有产出，这个时候，做一些免费流量的获取就能维持一定的销售额，那是否要继续，取决于你的任务是多少。当然，在下一个阶段，投入的方式，能达到的下一个峰值，又是一个新课题。

但在钟薛高内部有共识：有再多的流量，假设破价，也不会去做。品牌运营端有一个口号：不折不扣做第一。

提起一些新晋的品牌，大家的话题似乎都是从他家的某款爆品开始切入。但"钟薛高"这个品牌本身，似乎比他家的爆款产品更"出圈"。

相比其他品牌不断推出爆品，钟薛高似乎在这方面也并没有格外发力。

东哥表示，"我们只做钟薛高三个字，把钱用在一个面上，而不是某个爆款上。"核心团队对于做品牌有着高度的一致性。在钟薛高，永远是品牌和产品导向的。

"品牌的打法要分清楚什么是道，什么是术。道是产品、品牌，术是运营、销售。钱多一些，起来就可以快一些。我们目前的状况是，货好但钱不多，机会点就是这个市场还是缺好货，就可以冲一冲。"

两年多的时间，大家都觉得钟薛高是火箭式发展，但创始人林盛说这叫"螺旋式上升"。所有人都在想把规模做大，将数字做上去；林盛更看重有时间维度的品牌，做百年老店，做那些经过了经济周期、消费迭代，甚至战争、国际变局之后也能顽强生存下来的品牌。

做一个迅速发展的品牌，林盛说得更多的是：克制。

## 跟上节奏还是自创节奏？从平台获取流量还是品牌创造流量？

国货已经不再是一个廉价替代品，新国货品牌的发展也是与中国式速度一致，甚至用短短几年的时间，实现了国际品牌几十年至上百年的规模。快速扩展也意味着成倍的发展焦虑。无数企业试图跟上不同时期的节奏：私域流量、直播电商、社交场景……

第一章　新审美：从博物馆走出的国潮美学　　　7

跟上节奏，是否就能做好一个品牌？

对于这个问题，林盛反问："如果总是跟着这些节奏走，那你自己的节奏是什么？"他有焦虑，也有对焦虑本身的反思。

"企业创始人应该问自己一个问题，着急跟进是切实的发展需要，还是为了缓解自己的焦虑？"

所以，在钟薛高内部，提倡做"对"的事，而不只着眼于"快"。

什么是"对"的事？林盛总结：产品好不好？客户体验做得

怎么样？品牌行否？成本控制如何？这是钟薛高最核心的4件事。然后，发现有外部的发展机会就要加大力度，如果发现不适合你就收起来。

对于平台流量，林盛持同样的态度。

平台不生产流量，只是流量的派发者。林盛反问："如果搞定平台，用钱去换平台的血，就能不断有血输入，那商业是不是过于简单了？每次都会有人说平台红利，找了所谓流量洼地，那我们做品牌干什么？我们做品牌的所有目的，难道不应该是今天即便脱离这个平台，依然是一个流量的创造者？"

## 做长期"对的选择"且避免在短期内死掉

短期和长期的两难，几乎所有新国货品牌都面临过。

新国货要想发展，在资金有限的情况下，先把产品做好还是尽快把产品卖掉？钟薛高与新匠人新国货促进会的同学都普遍认为，以匠人的态度，把产品做好，这是新消费时代的需要，也是一个符合当前市场可持续发展的决定。

如果只是要满足商业效率，钟薛高当初的供应链应该是这样做的：配方由代工厂出，生产出带着合格证的产品，品牌方只需要上市销售即可，这是最轻的模式。但他们成立了一个70多人的产品中心，组建了国内顶尖企业的食品研发队伍，自己投入生产线，自己投入生产设备，自己管理，一直在用最重最笨的方法去做消费者看不见的事。

"大家觉得钟薛高营销上花了钱，其实供应链比营销更花钱。"林盛说，"短期来看，这是个错的选择，但从长期来看它一定是个对的选择，只不过我们恰好运气好一点，我们做了一个长期且对的选择，并且没有死于短期。"

在钟薛高，林盛绝不允许销售部门做火车头，"因为一个背着 KPI（关键绩效指标）的部门，难以避免会以一些短期目标为导向。用一个你不太能接受的方式卖东西，可能会伤品牌，伤用户。""用户是上帝"也不是钟薛高的准则。"我们一定要跟用户是平等的，是朋友，只有当他是朋友的时候，才能以平等视角理解他为什么高兴或者不高兴，才能做出相应需求的产品。"外人看钟薛高的竞争优势是把产品做得好，把品牌做得好，但林盛自己看，则是团队把一些关键逻辑想清楚了，这才是立身之本。比如，销售部门理所应当地认为公司就是品牌和产品导向的。这是一种共识。可以多卖个 200 万甚至 500 万，但是可能用户体验会出现问题，应该如何选择？这样的选择一开始只能林盛做，但是现在已经不需要到达他这里，团队已经可以做出放弃短期利益的决策。

"这就是不断打仗之后的进步。"

## 没有方法论,只是运气好?

时常被问起钟薛高成功的方法论,林盛总是摇头:"其实没有什么方法论,就是运气好,碰见的股东还行,碰到了这个时代也还行,时间点也还行,团队也还行,最后我们没在中间挂了,就好了。"

是这样,也不是这样。

创业如履薄冰,2019 年钟薛高的现金流并不好,刚好处于青黄不接的时候。那年 2 月,他们面临两个选择:一是依自己的盈利模型,按照既定方案去做,到年底会亏损千万级别;一是不冒险,为将来屯点粮,亏几百万,这样到 2020 年压力会小一点。 最后,林盛还是选择了亏损千万的方案,一切按原计划走。看起来是个冒险，但也是一个理性的选择。按照林盛的看法："如果站在5年或者10年的维度来看，不按既定的亏损目标，这叫'收缩打法'，那才叫最大的投机和冒险。因为有很多机会，那个前进的窗口期时间很短，如果丧失了，就彻底没有了。当时团队所有人，包括股东在内都是提心吊胆的。"幸好2019年6月份销售额与同期相比，增长了好几倍。他们抓住了2019年的时间窗，继续夯实了钟薛高的品牌基础。

## 为什么2020年会有更好的增长？

林盛是这么回答的："不是取决于别的，而是取决于在重要时机做了什么。这就叫作'对的选择'，或者说对长期有利的选择。可能绝大多数人都没有做对选择，或者他是做对了一个选择，但是运气不好。所以，我们特别感恩。"

学历史的林盛爱看历史书，善于跳脱自身的困境看问题，他经常跟别人讲唐僧西天取经的故事，唐僧有可能在半路上被妖怪吃了，但你不能因为他死在半路上，就说取经这件事是错的。

钟薛高也有可能在某一天输，但是不能因为钟薛高输了，就说钟薛高是错的，这些判断都是事后诸葛，钟薛高开创了多少个行业第一，创造了这个行业的一些新东西，都是客观存在过的。某种程度上，林盛和他的团队十分在意这些"存在过的客观"。

11月11日，凌晨一点半，大家还在加班，林盛站在电梯门口送客，电梯门缓缓关上，旁边的女孩说，上次见林总好像头发都还没有白。

> **品牌小贴士**
>
> **刚起步的马拉松选手**
>
> 　　表面上我们看到的钟薛高是个快速崛起的网红品牌，背后是学历史的林盛的马拉松理论，快与慢的节奏把握是创业者的天分与经验的表现，钟薛高抓住了新审美中大家对于冰淇淋的健康化需求，用这个信息爆炸时代相对高效的KOC（关键意见消费者）传播，抓准了小红书当时的种草红利，快速地进入了行业的头部，再利用头部品牌的传播及资本溢价，快速为下一步囤好的粮，又夯实了供应链基础，待到新冠这样的危机出现时，抓住了竞争对手们的短暂慌乱，快速占领更大市场。不过马拉松才刚刚开始，让我们期待钟薛高，期待林盛的下一步。
>
> ——新匠人新国货促进会执行会长胡晓东

## 永璞咖啡：如何做一只聪明的黄雀

国人的咖啡消费是从"滴滴香浓意犹未尽"的速溶咖啡开始；1999年进入中国的星巴克是新中产消费的符号，进一步强化了咖啡的品质调性。而资本助力的咖啡品牌，比如瑞幸，用优惠券培养了一波写字楼白领的咖啡习惯。

由于2020年新冠疫情，大家居家办公，没有了办公室茶水间，但是不能没有提神醒脑的饮料。疫情期间，天猫咖啡类目搜索量增长80%，销量增长50%~60%，疫情后实现了超100%的增长。其中，增速最快的是"精品速溶品类"，这个品类几乎是新国货品牌的天下，销售同比增长超1000%。

永璞咖啡的创始人侯永璞（因热爱铁皮玩具，外号"铁皮"），在朋友圈晒出 2020 年双十一的战绩,天猫咖啡液品类 TOP1,总共卖了 435 万杯咖啡。在咖啡领域创业 5 年,直到 2017 年底,永璞的第一款便携冷萃咖啡液推向市场之后,这个以创始人名字命名的品牌才引起大家注意。侯永璞说用自己的名字来做品牌名,是一种押上了个人信誉的决心和信念。

## 颜值正义时代适合设计师出道创业?

铁皮毕业于中国美术学院,平面设计专业,因为对咖啡感兴趣,就加入了新创立的明谦咖啡,边学边做,进入咖啡这个行业。

在一个颜值即正义的时代，大量的设计师、创意人开始成为创业者，他们审美到位，对细节要求高，符合消费升级时代对美的要求。但是有时审美以及细节追求，未必是用户能够感知的价值，或者为此付出的成本与收益不完全成正比。铁皮说自己作为曾经的平面设计师，切入咖啡这个领域，从一个做产品的人，到把控一家企业的战略，自身确实也经历了一个"演化"过程。

比如，设计师会比较在意纸的手感。但对设计师来说手感好的纸，消费者却很难感知，而且纸张只是产品的包装物料，带给消费者的价值有限，反而增加了成本。当然，设计师出身的创业者不在意细节是不可能，某种程度上，这也是一种优势，铁皮说现在把在意的细节放大到更大的范畴中，比如，哪些细节化的体验系统能够让用户充分感知到永璞是一个好的咖啡品牌。

某个领域的专业人士开始创业时，都应该从自己最熟悉的那个领域开始"放手"，铁皮是从放手设计开始的，当找到合适的团队，他就不再去抠产品包装等设计细节上的问题，很多设计方面的问题也不再需要由他来过问决策。

当然，设计师的好处是有一种全面观察的能力。铁皮一直记得当年画素描的时候，老师不断提醒他，你画人像的时候，不能只盯着眼睛或者只盯着鼻子看，而是要看一个整体以及整体构成的神态和气质。这就是一个"视觉系"的观察方式，敏锐留意细节的同时，能够抓住全局。

永璞 2020 年已经完成了 1 个亿的销售任务，最近，铁皮才忙完 A 轮的融资，接下来的工作重心是要做流量玩法。之前永璞会做"不花钱的传播"，通过不断品牌联名去做传播，破圈积累用户。A 轮融资之后，永璞要"学会花钱"，做用户增长。

新国货创业，没有任何现成的经验可以遵循，每一个阶段都有特定需要解决的议题。

永璞开始准备接受投资的时候，就已经决定了要做大。当然，创业最终还是要回归到两点：一是做自己愿意做的事情，二是做对社会有贡献的事。在这两个前提下，并非所有的创业公司都要做大，去争抢第一。在当下，如果所有的创业公司都要做大，都要冲第一，势必都要花很多钱，可能会形成社会资源的浪费，就像我们看到的共享单车。小而美的创业公司其实更值得尊重。

面对创业巨大的失败率。铁皮说："当我决定要去创业的时候，就知道失败率是极高的，就像人类出生之后必然死亡一样。这件事没法改变，但活着的时候就一直去在意死亡这件事情，其实没必要。所以，把这个事情想通了，在过程中做好自己就好了。"

## 咖啡领域的消费升级还是围绕解决"性价比"

大品牌大资本为市场培育了用户，但细分市场的用户并没有被充分满足，这成为新品牌爆发的机会。螳螂捕蝉，黄雀在后，

咖啡赛道的竞争某种程度上就是如何做一只最聪明的黄雀？

越来越多的咖啡品牌开始补充精品速溶的产品线，星巴克推出了精品速溶咖啡，时萃升级了乐萃包推出了"小彩书"系列，做酸奶的乐纯在 2020 年 4 月上线了冰滴咖啡 ONESHOT，线下门店为主的某眼咖啡也推出了新的即溶冻干产品，精品速溶、便携领域的玩家越来越多。

铁皮倒是期待更多的巨头参与，能把咖啡市场份额做大。"整个咖啡市场依然处于教育的阶段。这个时候我们希望更多的玩家一起来加速培育市场，喝咖啡的人多了，就能够做出差异化，把产品做好并形成品牌的人会成为最终的赢家。"

大量冻干咖啡、便携咖啡液品牌的出现，实际还是因为想解决喝咖啡的"性价比"问题，不再是口味较差的速溶咖啡，而是将精品咖啡豆做成了咖啡液或者冻干粉，装到一个便携包装中，想喝的时候，倒出来加上水或者奶，就可以快速的享受到与手冲咖啡近似的品质和口感。但并不需要像一般做精品咖啡那么繁琐，经历磨豆、冲泡的过程，也不需要用到磨豆机、滤纸、滴漏杯、手冲壶等专业工具。

咖啡赛道的消费升级也是在多个价格梯度内的产品创新，33元一杯的咖啡不是每天能喝几次的选择，然后就有了瑞幸以及便利店的咖啡，用一半的价钱就可以喝到现磨杯装咖啡，并且帮你解决了一个消费痛点：半个小时内就能喝到。而精品速溶咖啡，以永璞、三顿半等新国货品牌为代表，一杯的价格在7～8元，方便自己DIY，口感好过普通速溶咖啡。

另外，糖、反式脂肪作为"反健康概念"被普及，逐渐让三合一的速溶咖啡成为一种不健康的选择。这也是新一代消费者的痛点，不管他最后自己会在咖啡里加多少糖，或者配着咖啡吃了多少甜点，当他下单消费时都会倾向于更健康的产品。

最后，作为一款饮品，铁皮说，还是得回归到口感上。口感好，才能有复购。再便宜、再健康、再方便，如果不好喝，用户就不会有复购，没有复购，这个品牌也就没有未来。

## 除了价格，还有什么能吸引 Z 世代？

Z 世代（1995 ~ 2009 年出生）可能大部分时间是吃外卖的，但是在展现自己生活质感方面，他们显然比上一代更有热情。比如，他们会买某个品牌的燕麦奶、豆奶或者气泡水去搭配一杯咖啡，然后配上适宜出镜的宠物、鲜花或者任何"能出图"的场景，发布在社交媒体上。毕竟做一杯有调性的咖啡比做一顿饭要容易许多。所以铁皮叔说，永璞也希望通过咖啡来搭建这样平台，让他们都有机会分享。这也是针对 Z 时代的快消品所要面对的课题，如果你的产品没有可以晒的颜值，或者产品本身没有内容开发的潜力，那也意味着没有未来。

打造品牌温度感，增强与用户的联系其实需要有一个 IP 形象。永璞这个名字一看就知道是一个中国的咖啡品牌，所以，IP 形象一定要有中国特色，但通常的中国符号都是龙凤麒麟之类，比较常见，缺少品牌个性。后来就想到了石狮子，取名"石端正"，设计经历了 4 个月的时间，即便作为有设计强项的公司，也是十分不容易。他们希望能够把国潮真正融入品牌当中，而不仅仅是简单的贴上国潮图案，并在产品内容上也融入中国元素，比如 2020 年推出的桂花乌龙咖啡。用户也非常喜欢"石端正"的形象，很多用户都是通过这只石狮子记住了永璞。

当然，Z 世代的消费者也是喜新厌旧的，外观很重要，但更重

要的还是不断做产品迭代,从冷萃精品咖啡液到咖啡茶的冻干粉到闪萃常温咖啡液,永璞大概只用了 2 年多的时间就完成了这三次产品迭代。面对 Z 世代的消费品都需要"够潮",够潮的背后就是跑得快。

所以,其实这非常考验品牌的快速反应能力,但也是当下新国货品牌的优势,他们更了解本土消费者,能够快速做决策。比如,一个新产品的研发方向,跨国大公司需要经过层层汇报和审批,中间需要对不同语境的决策层做说服工作,可能需要半年才能定下来。"但我们可能只需要半天。"铁皮叔说。

## 洞察市场的能力最终还是要落实到供应链

2016 年,星巴克把冷萃咖啡带入中国,于是中国的咖啡受众知道了"冷萃咖啡",但只有一些资深的咖啡爱好者能自己做冷萃咖啡,对于大部分消费者来说,冷萃咖啡只有门店消费这个选项。也是洞察到了这种需求,铁皮用了一年的时间去夯实冷萃咖啡相关的供应链。

他抵押了自己的房子，用这笔资金入股了青岛一家做冷萃咖啡的工厂。对于当时的押注，铁皮始终不觉得这是"赌"，而是基于市场洞察，是拥有行业经验之后的投资行为。

铁皮这样解释咖啡供应链，因为这个市场的需求没那么大，所以供给相对单一，咖啡的供应链必然没那么强，很难切入细分市场。2017年抵押房产入股青岛的那家咖啡液工厂，某种程度上就说明了供应链的稀缺性。这个时候品牌的供应链优势就非常明显了。

在冷萃咖啡液推出市场之后，他们开始思考产品迭代，冷萃咖啡液需要冷链，需冷藏，保质期只有3个月，限制了很多使用场景。但是国内没有这一块的成熟供应链，于是永璞开始向国外寻找。找到了日本一家70年历史的工厂，花了大半年的时间谈下了中国区的独家合作权。当时，铁皮说签下这个价值1亿的合同时，他们的账户还只有不到10万元。"我们就觉得这个常温咖啡液一定能火。"果然，永璞在2020年双十一咖啡液类目摘得头筹。依旧还是细分赛道的快速反应模式，深刻洞察市场需求，加大投入供应链，尽一切可能加速新品开发上市，快速占领市场。

每一个创始品牌都有一个关注的重点，有一些关注流量，先把流量做上去。但是做新国货品牌，永璞还是觉得需要把产品做好。但是把产品做好并不是一个空泛的概念。需要和供应链建立深度绑定，包括真金白银的投资，特别是像咖啡豆这种农产品，并不是今年投入，明年就能有产出，一般都是 3 年为期，在云南，铁皮叔说他们的计划就是至少 10 年。只有切实投入时间和资金，才会有量产化的好品质的产品。

毕竟新国货品牌的所有起点都在于：好产品。

> **品牌小贴士**
>
> 　　大品牌大资本为市场培育了用户，但细分市场的用户并没有被充分满足。国人的咖啡消费从速溶咖啡开始，被星巴克深化为新中产的消费符号，又在以永璞为代表的冷萃咖啡液领域得到了新的发展。永璞成功的诀窍有两点，第一，对时代审美的精准把控。永璞在设计上加入中国元素，洞悉 Z 时代喜爱展现生活场景的特质，不断做产品迭代，在包装产品 IP 上做出精准反应。第二，对品质的高要求。对于大部分消费者来说，2016 年之前的冷萃咖啡只有门店消费这个选项。铁皮洞察到了这种需求，用了一年的时间去夯实冷萃咖啡相关的供应链，深刻洞察市场需求，加大投入供应链，尽一切可能加速新品开发上市，最终达到快速占领市场的效果。

# BOSIE：呼应潮流的少年并不反叛

"95后创业者""Z世代品牌""传统行业的革新者""呼应当下社会思潮的'无性别'服饰""年销售额从0到3个亿只用了两年多时间"，你可以在Bosie以及创始人刘光耀身上找到很多标签，恰如其分地顺应了这个快速迭代的时代。

## Z世代用消费来建构自我，用消费来解决问题

在中国，年轻人永远是消费市场的蓝筹股，消费品牌当下的课题都是如何攻克Z世代。这些出生于1995～2009年的年轻人，有4成是超前消费的，愿意为消费借贷。消费既是他们的生活方

式,也是解决问题的方式。为猫主子的口粮和别墅打工奋斗,不开心就喝杯奶茶。他们追求小众和个性化,亚文化圈层崛起迅猛。但一致都认为颜值最重要,也会注重性价比,视频网站会员能借到就绝不会买。

除了网购之外,以95后为代表的Z世代也在进入线下消费。线下零售也在进行一轮品牌调整,传统强势的品牌开始在潮流中败下阵来,OLD NAVY退出中国,以ZARA为代表的快消时尚品

牌在商场消失或者不再抢眼。取而代之的，是一些全新的国货品牌。2018年，李宁在纽约时装周的秀开启了"国潮元年"。短短2年时间内，国潮开始成为一种追捧风尚。

消费社会一方面助推了某些符号，比如，奢侈品在年轻受众中具有符号意义，另一方面也造成了他们的逆反心理：为什么我一定要用"别人给我的符号"来证明我自己。我可以选择其他"更我""更新"的符号或者品牌来代表自己。

一位95后展示了他接触新品牌的路径，此前有过一些产品搜索，平台会根据算法推荐一些新的品牌，进详情页了解之后下单，购买之后如果体验很好，会继续关注。如果某天在线下商场看到，会提升对该品牌的好感度，"觉得是一个牌子"，形成持续复购。这也符合很多国货品牌崛起的路径：社交媒体投放广泛种草，在淘宝、微信小程序下单购买，完成消费闭环，并通过促销活动、品牌活动，不断引导复购，强化品牌概念。

发达的电商环境以及社交媒体的强渗透，让产品的周转效率提高了，新国货品牌可以用几年时间走完过去品牌需要走几十年的路。在国潮审美之下，新国货品牌在商业上也获得了跃升。Bosie是2018年诞生在杭州的服装品牌，没有传统杭州服装的任何标签，定位"无性别服装"，打破男装和女装的界限，用快时尚的商业模式来做"设计师"产品，销售额从0到3亿只用了两年多的时间。2020年11月，Bosie完成2亿元融资，是资本十分青睐的一个95

aurons besoin
de l'autre. Tu
seras pour moi
unique
au monde.
Je serai pour toi
unique au monde
Le Petit Prince
O Μικρός Πρίγκιπας

后潮流品牌。

## 用一定的超前性来拥抱变化

时尚行业已经走过几百年,基本规律一直没有变化,都需要掐准时代审美,成为这个时代"潮流的头部",才有机会做起来。本质上,服装还是一个很传统的生意,没有互联网战略性亏损换用户成为头部的路径,也没有革命性的利润,"我们所有的钱都是一件一件衣服卖出来的,是一种非常苦的赚钱方式。但是,当顾客买衣服的时候,他是有幸福感的,只有这种明确的幸福感才会让他付钱。"Bosie 的创始人刘光耀说这件事让他感觉很踏实。这样的赚钱方式也很实在。

当然,新消费品牌能跑出来都是九死一生。如果当年 Bosie 在时装周收名片找各种销售线索的时候,没有遇到正在寻找"新服饰"品牌的天猫小二,他们的天猫店可能不会开得那么快,也不会上线 1 个月就破百万,1 年就破亿。如果不是当年在杭州嘉里中心开出第一家线下店,他们不会从一众淘宝品牌中冲出来,成为用户认知度更高的年轻品牌。

商业的复杂度让行进过程充满了各种偶然性。当年刘光耀北大光华本科毕业去清华读研,又从清华中途退学,跳入服装行业,奔走在杭州郊区的制衣厂,为卖了 100 件 T 恤而狂喜,并不知道投入这个行业能走多远，只是相信勇气也是一种资本。不断尝试本身就意味着各种机会，现在回过来头来看："实际上真正的转折点或起飞的节点不一定是规划中的，但我们要保持一个敏感度，对环境和变化保持敬畏之心。"

这种拥抱变化的表现之一就是：Bosie 用 2 年时间完成了 3 轮融资，融资本身代表着 Bosie 对资本的吸引力，也意味着很多时候，Bosie 一直在做超前的事，十分考验组织进化以及业务成长的匹配能力。这是令创始人焦虑的地方。

目前进行的线下门店测试，需要克服的还是"线下很难赚钱"这个魔咒，从线上到线下，走回传统，Bosie 要解决所有线下门店的问题，坪效（每坪的面积可以产出多少营业额）、人效、周转率，他们甚至调整了陈列库存比，这样可以解放一些理货的人手。

大店模式让用户在一个服装店里能够选到多种场景，多种风格的衣服，来满足大家"懒"的需求。但另一方面，也要面对不断攀高的运营成本。刘光耀每周有两天时间会出差去巡店，去研究线下门店这个课题。在线下，"人货场"这个三要素始终都不会变，无论是国潮还是 Z 世代产品，也不管在线上表现如何抢眼，最终，还是要回到精细化运营之上。

这个国家的新国货

## 年轻一代创业者更加适应一个又细又快的市场？

在青山资本投资副总裁艾笑看来，70、80后，甚至90后的代际趋同性会明显一些，但是到Z世代，从消费的角度来看，小众化和碎片化的趋势越发强烈，Z世代也更愿意在个性化上花钱，这就需要品牌本身有一定的扩容能力，能够满足更加细分化的需求。可以对照成熟的消费市场，比如日本，他们在食品饮料、美妆、服饰上的细分程度，大致可以推算到5年之后的中国消费市场。从这个角度来看，现在是细分市场最好的创业阶段。

机会点的背后是新生发的困境，原先一个品牌通过满足某个需求点可以存活很多年，现在这种情况越来越难了，核心消费者的需求越分越细，市场变化越来越快，品牌必须从组织架构、品牌战略的角度入手去解决又快又细的市场需求，不然很快就会被淘汰。

这几年，谈得比较多的就是演化，尤其是随着新消费群体的崛起，所有的品牌都需要有敏锐的洞察力，并主动随之变化。这也是目前很多投资机构会看好年轻一代创业者投入新消费领域的原因。

艾笑很早就认识了光耀。这一波95后创业者都有一个共性：商业上的敏感度，很强的组织管理能力，最重要的是，他们整体成长迭代的速度会非常快。而他们解决问题的方式，也是上一代所没有的。

Bosie 在组织架构上有高度灵活和扁平化的特点，公司不设立设计总监，而是给予独立设计师更多自主决策权，bosie 做的是资源和流量的赋能，以及品牌化的建设，使得设计师能够更有创作自由，也能直接和消费者产生连接，提高设计的市场反馈速度。

光耀观察到的是：当下最有活力的是年轻设计师，而不是某个大师，或者国外请来的某个设计前辈。年轻设计师可能从业经验少，但是他们对于市场和消费者的体感非常好，那就可以让他们去主导。Bosie 的爆款"小王子系列"就来自于一位实习设计师。

光耀说 Bosie 不会找大牌设计师，"我们希望做 C to C（用户对用户模式）的事，设计师本身就是穿 Bosie 这类衣服的用户，他身边的朋友也都是用户。做时尚行业最大的成就感其实是把有着共同审美哲学的人连接在一起。"

## 95 后创业者并不迷信痛苦的成功逻辑

95 后创业者是不是太年轻；作为企业家是不是还需要面对很多"成长"和"成熟"方面的问题；没有经验会不会成为他们致命的问题？艾笑从投资人的角度把这些都归入"投资风险"，相应的机会点，就是每一个年轻创业者的自我成长能力。

刘光耀的一周工作日程大致是这样的：周一、周二参与部门业务会议，解决业务端口的问题；周三进行独立项目的工作；周四、周五见人，这些人包括各种上下游的合作伙伴、应聘者、政府机构和银行等等；周末开始出差，目前 Bosie 重点在做线下门店的拓展，作为创始人和 CEO，刘光耀需要到这些战略的落地点，选址、看店，研究某家线下门店的坪效、货品周转率，甚至店员的状态，线下门店的各种状况问题都能转化成新的经验，以及下一步前进的起点。这就是一个 95 后创业者的日程状态，没有太多经验，但是需要用经历、自我学习来快速积累经验。

刘光耀说，没有经验意味着什么？就是没有备选项。一件事情发生，可能只有一个答案，不会有多个答案供选择。没有纠结的过程，那就只有一个猛子扎进去，不断尝试，才能知道边界在哪里，哪里有危险，哪里便有机会。但不会去做太轻的事，过于在意流量红利或者风口，希望做长期有增长后劲的业务。比如，夯实产品做品牌，做好线下渠道，做能够赚钱的线下店。刘光耀坦言：目前 Bosie 并没有颠覆行业，也没有颠覆性创新。只是做局部的优化和提升。假设有 1000 个这样的点，把 1000 个点连接在一起，就构成一个新物种了。

产品、运营、品牌，都是朝一个方向走的。这个方向一定是一个变得更年轻、更新锐，细节更完善的方向。所以，Bosie 会把很多的精力放在团队组织上，会关注员工成长是不是符合预期，能力是不是互补，以及最重要的，是否有一套共同的文化基因，希望从组织文化入手去创造一个约束性不那么强但拥有一致性的品牌。

上一代迷信或者说习惯于相信一种痛苦的成功逻辑。但光耀希望打造一个可以站着赚钱的团队。Bosie 的高管做过一轮职业心理测试，他们各自的特征分布差异度都非常大，唯一的共同点就是顺从度低。光耀说，Bosie 喜欢善意的奇葩。理想状态是单纯正直地去做事，虽然有时也会被现实"打脸"，但好在年轻的缘故，自愈能力强。

创业是一种痛苦的修行，作为 Z 世代的创业者，光耀更相信一种螺旋式上升，而不是纯粹的炼狱。Bosie 目前业绩不错，也因此获得大家的关注，但他说："假设三年之后我们倒闭了，也不觉得这五年是失败的，结果当然是失败的，但是，这五年的体验是很有价值的。胜负心要有，但得失心不必太重。"

飞速前进伴随的另外一种痛苦是要和自己的欲望做斗争，然而痛苦就是一种人生常态，如果不能接受的话，就会陷入一种相对混乱的痛苦当中。但我们需要一种"超然"的痛苦，这是一个使自我更完善的过程。在采访的最后，1995 年生的刘光耀如此总结。

可能，所有的创业者最后都会把自己熬成一个哲学家。

**品牌小贴士**

从消费的角度来看，Z世代的小众化和碎片化的趋势越发强烈，Z世代也更愿意在个性化上花钱，这就需要品牌本身有一定的扩容能力，能够满足更加细分化的需求。机会点的背后是新生发的困境，原先一个品牌通过满足某个需求点可以存活很多年，现在这种情况越来越难了，核心消费者的需求越分越细，市场变化越来越快，品牌必须从组织架构、品牌战略的角度入手去解决又快又细的市场需求，不然很快就会被淘汰。Bosie没有传统杭州服装的任何标签，定位"无性别服装"，打破男装和女装的界限，用快时尚的商业模式来做"设计师"产品，这成为他们得以打破行业天花板脱颖而出的关键。

## 毛戈平：做品牌就是做长线

2019 年，全国的女孩都在找毛戈平"换头"。他在 30 年前化妆时强调的"高光、阴影"，与如今网红小姐姐的修容不谋而合。在画质堪忧的 90 年代 VCD 化妆教程中，他说骨相是如今"美商"的重要内容。2019 年，频繁上热搜的毛戈平，也带动了 MAOGEPING 品牌的增长，21 ~ 25 岁的年轻用户占比开始增加。毛戈平说，做了 20 多年，MAOGEPING 品牌才成为一个有机会发挥自己的新人。因为终于等来了国潮，等来了新国货的时代。

## "毛氏换头术"的前传

无论是作为化妆师还是 MAOGEPING 品牌的创始人，毛戈平本人就是"时代"本身。

1995 年，刘晓庆拍摄电视剧《武则天》时，从 16 岁演到 80 岁。很多年后，大家已经忘记《武则天》演了什么，但都记住了刘晓庆通过化妆变年轻，而给他化妆的人正是毛戈平。那还是全民用永芳的年代，大家熟知的化妆就是一张白刷刷的大脸，涂口红涂胭脂。高光、阴影、修容，那是 30 多年之后的事了。

毛戈平说："当时一定有化妆比我好的人，比如，我的老师肯定画得比我好，我只是有幸遇到了机会，并抓住了它。"努力和天赋很重要，但是，天时地利也非常重要。在全民审美萌芽的阶段，用当时的"顶流"刘晓庆做了一个画板，证明了自己的实力。1996 年，与刘晓庆再次合作《火烧阿房宫》，毛戈平获得了中国影视化妆金像奖，当时给他的颁奖词是："让国人知道了化妆是一门艺术"。

30 多年后，B 站的年轻人依然在看毛戈平在 VCD 时代的化妆视频，虽然渣画质只能看个大概，但大家还是被"微整形"效果的化妆术震惊了。对于这种"考古式"走红，毛戈平说，潮流在变，专业没有变，美的本质没有变。

在与刘晓庆合作完《火烧阿房宫》之后，毛戈平决心去上海戏剧学院学习人物化妆，之后逐渐从影视行业转向时尚行业。他想了解时尚界的化妆和造型，从直觉判断，觉得时尚可能代表未来。他是一个分析时代的人，明白"时机"很重要。

1996年，正是中国时尚行业的起步阶段，最具时尚代表性的行业就是服装。毛戈平形容自己如同小学生一般，向当时时装界的张肇达、王新元、薄涛、吴海燕等设计师请教，大家都在起步阶段，模糊的探索期拥有各种可能性。毛戈平切换了跑道，去了解潮流，去判断潮流，这跟之前影视化妆是完全不同的。

影视化妆是根据剧本的规定情形来进行创作的，每一个人物都有环境、年龄等外在要求，化妆师还需要结合演员的外形，再加上对人物的理解和想象去设计。影视化妆是为了帮助演员找到角色的外部形象，毛戈平的训练一直都是如此。

毛戈平起步阶段是从越剧团开始的，然后到上海戏剧学院，之后给电视剧《武则天》《杨乃武与小白菜》《上海一家人》做造型、化妆，都是按照这个规定脉络来做。这也练就了"换头"的基本功，人脸在毛戈平眼中会变成特定样本的分析，性格、年龄、职业、喜好，化妆师需要知道长相的长处和短板在哪里，化妆就是要做到展现对方的特质的同时，做到扬长避短。能让人感受到变好看了，但人还是那个人。

## 为了出一本自己的书,开了公司

1998年,毛戈平觉得到了某个节点,需要对自己有一个总结。而且当时市场对教材的需求非常大,都希望能看书学化妆。他找到出版社,想出一本彩色铜版纸的画册,零售价200多元。出版社表示价格太贵,卖不出去,如果要出版的话,毛戈平得自己去卖。于是,1998年,化妆师毛戈平开了公司成了老板,用一年半的时间在全国做了56场巡回演讲,把2.5万册书卖掉了。毛戈平说自己最大的天赋其实是努力。

他在巡回演讲的过程中,去了很多不同的城市,见到很多爱美的人,才感受到那个时代呼之欲出的对美的渴望。但是如何画好一个妆已经不仅仅是一个教学的问题。毛戈平总结他的妆容需要的几个前提:审美理念、技法,还有好的产品。但是20多年前,他自己的化妆箱都是根据他的美学和经验"凑起来"的,其中没有一件中国品牌的化妆品。当时中国最好的商场的一楼,也不会有国产品牌。国产品牌在化妆品领域的口碑也不好,充斥了大量的假冒伪劣商品,当时媒体的报道是用国产品牌一年至少烂掉1600张脸。

毛戈平的多年化妆师经验也让他觉得,中国人需要适合自己肤质的彩妆产品。"中国人的肤质跟欧美人不一样,是偏干和混合性为主,欧美人偏油,我们的基底粉底护肤品配料就应该不一样。

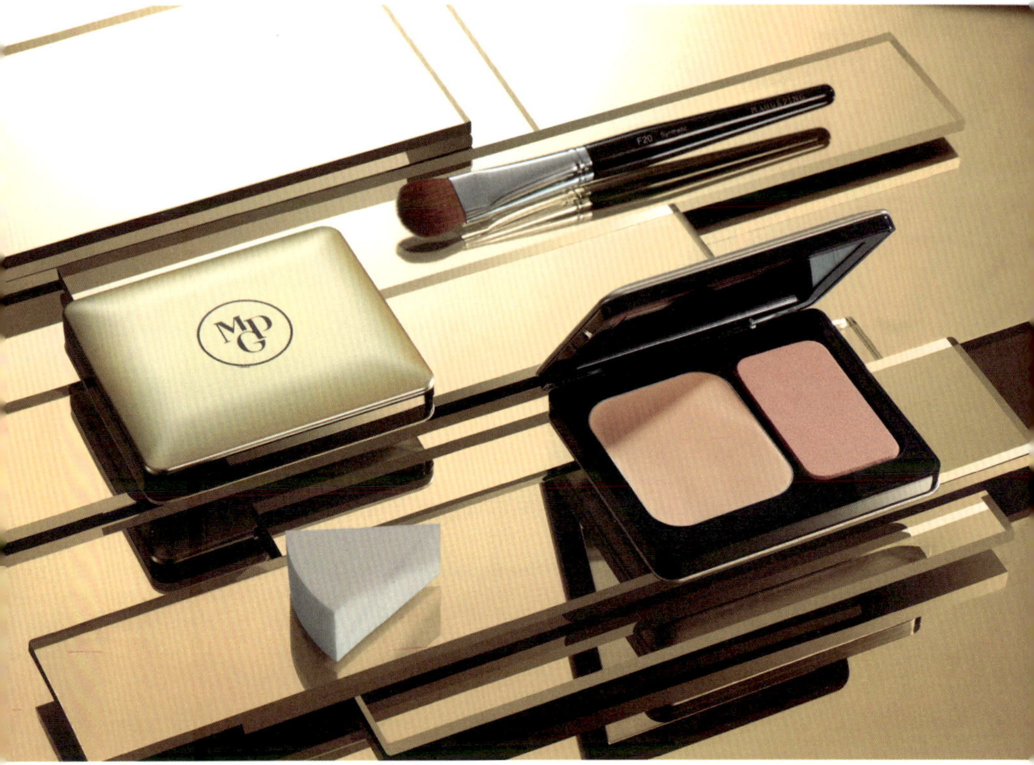

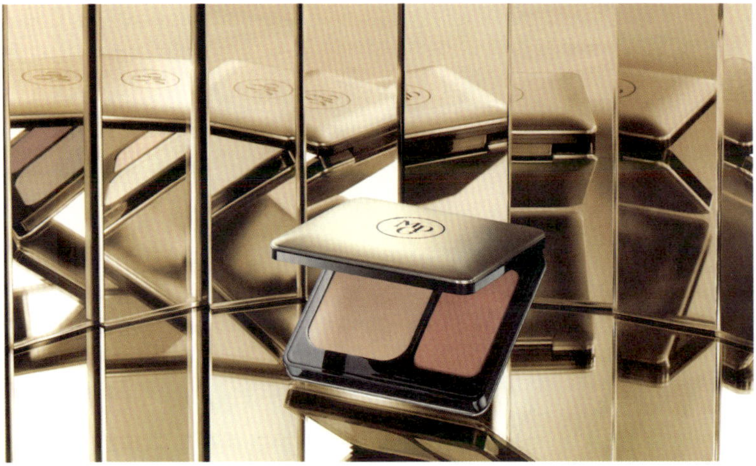

色彩更不一样，欧美人白色偏粉，我们是黄色偏橄榄绿。但是中国审美以白为美，但应该是瓷白，不是惨白，应该有润度，光感是透明的，有光泽。这种白是要在去黄基础上完成的，在色彩上面和欧洲系统是不一样的。"毛戈平解释说。

"东西方的面部结构也不一样，欧美人正面很窄且深，我们中国人是偏平的，所以，中国人需要光影，让脸立体起来，才有表现力。"但当时毛戈平自己都没有专业的高光、阴影粉等。阴影用黑人油彩，高光用最浅色号的欧美肤色粉底。

所以，在开了公司卖完书之后，他就想到要去做一个美妆品牌，"MGPIN"（后升级为MAOGEPING）代表毛戈平的审美，有他对产品的要求，有足够高的品质，可以与国际一线品牌一起出现在百货公司的一楼。毛戈平说自己当时是非常自信的，化了20年多年妆，对什么是好口红，什么是好粉底，真是太了解了。

毛戈平全身心投入做研发，自己蹲实验室，每一款产品都自己去试。把高光涂在脸上，取暖器开到最大挡，测试室温40℃时，两个小时会有什么变化。开发的每一款产品都需要过他的专业关。

最后，整套做出来，把自己化妆箱里的"八国联军"换掉，还是很有自豪感的。但是，2000年，MAOGEPING品牌的高光膏，定价690元，很多人都觉得这个定价太离谱。虽然大家都在感叹刘晓庆从16岁演到80岁，但是"修容"这个概念在2000年确实有点超前，阴影粉打在脸上，普通人的问题都是：那不是变黑了吗？

在销售渠道上，毛戈平在一开始就坚定地认为：做一流的品牌就必须要进最好的商场。但是去找商场谈入驻时，对方会告诉他，中国的美妆品牌进不来，要卖只能去批发市场卖。不是某个商场看不上国产品牌，而是消费者印象中并没有"一线国产彩妆品牌"，即便入驻，不仅产品会卖不出去，还会拉低商场档次。从 2000 年到 2002 年，MGPIN 品牌还没有一家商场专柜。

毛戈平后来反思：当时光有做产品的热情，但对商业还是不了解。MAOGEPING 品牌太超前了，20 年前的消费者对国货品牌的认同感不强，要做一线品牌，根本不可能。也有人建议，去做一个合资公司，变成海外背景品牌，可以让品牌之路顺畅些。"假洋货"品牌被视为一种营销手段，是今天不少国货品牌的起点。但毛戈平接受不了，"毛戈平"一个中国人，一个中国名字，怎么能变成中外合资呢？

## 模式走通，所有的"不对"都会变成一种不可替代的价值

只是一旦做商业，市场和消费者认知也确实不能置之不理。所有大牌都是黑色底加 LOGO 的，当年 MAOGEPING 品牌做了一些中国化的尝试，会在黑底上加隐隐的中式窗格的纹样，实际是"MGP"这三个字母变体。但也只能做到这个程度，所谓的"大牌感"就是黑色，显高级感，这是普通消费者的认知。假设把故宫文创

合作的系列，大面积的红色和金色放到20年前，未必会有好的反响，因为市场还不愿意为中国文化买单。

毛戈平分析自己这一路，对很多人来说，新国货或者国潮是一次商业机会。但是，对他来说，国货和中国美是MAOGEPING品牌商业的起点，一开始，国货标签是个负担，中国美也没那么受推崇，时代审美和价值取向是由社会发展阶段决定，单个品牌无法决定，只能等待，线下模式并不被看好，因为投入高，回收缓慢，战线长，容易死。但是，世界上并没有所谓"对"的模式，只有自己走通了那才是对的。当初所有的"不对"也会变成一种不可替代的价值。

如今的新国货美妆品牌主要靠巨大的线上流量，小红书等社交媒体种草，转化到天猫，通过节点营销，把性价比做到最优，迅速占领行业头部。而2000年的美妆销售渠道，依然是经销商+直营门店的传统方式，后续线上流量开始攀升，但毛戈平坚持：向一流品牌看齐，不做平替。这也意味着在线上很难有价格优势。所以，MAOGEPING品牌与大部分国货品牌走了相反的道路，前期先走高成本的线下模式，后期再重推线上电商。

毛戈平说自己极其谨慎，要稳，留住实力等待机会。2008年金融危机，市场形势最恶劣的时候，大部分品牌的营收都下降了百分之三四十，公司留着1000万发工资，在2019年前MAOGEPING基本不做投放，品牌就靠体验式服务，留住人是关键，人员的终端工资也比别的品牌高，别的品牌专柜只需两三个人，但 MAOGEPING 需要六七个人。

与其他美妆品牌的创始人不同，毛戈平始终是 MAOGEPING 的第一用户。他对于产品的认知是非常本质和具体的："化妆品最基础的粉底、眼影、唇膏，每年都有技术革新，原料迭代，不断替换，20 年沉淀下来，每一个产品的配方都是这样不断迭代更新的，单品拿出来都是明星，这叫产品的长期主义。"不要妄图去"找爆品"，一年做几个产品，卖爆了就能过个好年，那不是品牌该做的事。当下国潮火热，跟故宫 IP 合作，可以吸引一些年轻用户，但消费者复购看的还是产品质量，使用感受。MAOGEPING 品牌光是粉刷就有 60 多种，这是专业主义，做品牌就是做长线，有专业能力和夯实的基础才能走远。

MAOGEPING 有款遮瑕膏，基础配方是 20 年前的，这个产品用量和社会认知度很少。2019 年，毛戈平在 B 站视频中试用，突然之间就卖爆了，变成了常销款。毛戈平说这件事说明一个道理：好东西需要有合适的机会曝光，但做品牌不能当用户是韭菜，专心做产品，假以时日，好产品总是会有机会的。

## 风来了，审美趋势是巨大的商业机会

2016 年，网友用故宫胶带纸贴的大牌唇膏风行全网，毛戈平就知道，风终于来了。对很多人来说，国潮是一个可以追随的机会，对他和同事们来说，是一直在等待的，甚至变成了一种执着的信仰。如果时代审美没有走到这一步，MAOGEPING 不会有下一个爆发。某种程度上，不愿妥协其实就是相信风口会来。与故宫文创的合作十分顺畅，目前已经推出三季产品。MAOGEPING 品牌终于与时代同步了。

国潮对很多中国企业和品牌来说，已经不仅仅是一种审美趋势，而是巨大的商业机会，是伴随着国家崛起的消费市场红利，是走向世界，成为国际品牌的机会。这也是 MAOGEPING 品牌接下来规划 IPO 的动力。接下来 20 年，在等了几代人的国运机会面前，大部分企业需要去完成前所未有地飞跃，而这种飞跃并不只是靠华为这样的企业去做科技创新，也需要一个做高光、阴影的中国美妆品牌作为一个国际知名品牌，出现在 Le Bon marché、Harrods 这样的商场。

采访的最后，毛戈平拿出手机，里面有他昨天的一个"作品"，在拍新一季的产品，现场缺一个模特，临时抓了一个做后期剪辑的女孩，平时从不化妆，连修眉都是人生第一次，经过"毛氏换头"之后，所有人都被惊艳到。可能关于美的改造，就是毛戈平内心深处最有成就感的事情。

MAO

EPING

**品牌小贴士**

对很多人来说，新国货或者国潮是一次商业机会。但对毛戈平来说，国货和中国美只是 MAOGEPING 品牌商业的起点，做出一个夯实稳定的长线化妆品牌才是 MAOGEPING 的终极目标。与其他美妆品牌的创始人不同，毛戈平没有"找爆品"的执念。一年做几个产品，卖爆了就能过个好年，那不是毛戈平的商业目标。当下国潮火热，跟故宫 IP 合作，可以吸引一些年轻用户，但消费者复购看的还是产品质量，使用感受。MAOGEPING 品牌光是粉刷就有 60 多种。毛戈平始终信奉专业主义，做品牌就是做长线，有专业能力和有夯实的基础才能走远。

## 朱炳仁·铜：不跟风的老字号

非遗、国潮、文创，朱炳仁·铜有着当下很多的热门标签，但又有很多与当下热点迥异的特点。当大部分国货品牌在热烈拥抱"双十一"，用"双十一"数字来证明市场占有率的时候，朱炳仁·铜品牌的创始人、"朱府铜艺"第五代传人朱军岷却有几分无奈："促销会破坏价格体系，不利于品牌的长期发展。"非遗传承是朱炳仁·铜品牌的核心之一，但是如果没有用户买单，就会退出日常放进博物馆里，在史料和书本上被了解。

改革开放后，朱家两代人跟随市场变化，进行各种技术革新，靠着"铜"手艺，切入擅长业务，仿佛每一次都踩对了点，但朱家父子觉得这一切不过是为了生存下去而已。无论"非遗"多么

被尊重，国潮多火，文创多热，做产品都无法脱离生意的本质。概念吸引人，产品通过时间的考验，生意才能细水长流地经营。

在手艺工艺与生意之间，朱家父子做的，也就是让传统的手艺工艺变成一门生意，而生意又让手艺工艺越来越精进。

## 无论作为手艺人还是生意人，第一要务都是要养活自己

绍兴朱家台门的铜铺是远近闻名的，旧时铜作是非常重要的日用器皿，中国人煮茶烧水主要用铜壶，铜勺、脸盆、脚盆、祭祀用品等，都是江南人家日常需要置办的物件。做到朱炳仁这一

辈已是第四代。搬来杭州多年，随着时代演进，日用铜器到80年代已经逐渐从日常生活中消失，朱家人在寻找手艺活路时，就转做当时需求量大，但做的人少的铜字招牌。

80年代的市场短缺到什么程度？市面上找不到一块酒店需要的写着房号的铜片门牌。因为在此之前没有这个需求，也就不会相关的产业。酒店的手推行李车都从欧洲进口，因为国内没有厂家生产。

朱炳仁看到这种需求后进入酒店相关的行业，从星级酒店的一块铜门牌号起步，逐渐涉及更广大的建筑装饰行业，时至今日，承接了大量历史文化建筑的铜装饰，包括雷峰塔、灵隐铜殿、桂林铜塔、钱王祠铜殿以及涌金铜桥……逐渐成为全国闻名的金属装饰品牌。

事后看起来，好像每一步都踩准了点，但朱炳仁·铜品牌的创始人，"朱府铜艺"第五代传人朱军岷却觉得，生意做到今天，既没有神助也没有天命，不过是凭借着民营企业自己寻找活路的本能，一点一点把事情做出来，市场有需求就朝需求的方向去做。20世纪八九十年代，匠人手艺远没有如今这么受重视，无论作为手艺人还是生意人，第一要务都是要养活自己。

朱军岷上大学学的是化学专业，90年代末从国家单位辞职，开始跟父亲"学打铜"。看起来是子承父业，但父子更像搭档，并且各有兴趣点，朱军岷从2005年就开始又回到爷爷辈做的事情，尝试做一些日用铜的产品。一直做到2015年，花了10年时间，自嘲那是"失败案例"。

2005年，文创还是一个新兴名词，全中国都没有几个人懂文创产品。如今总结起来，朱军岷也觉得当时太"超前"，在产品上也没有找到可以突出自身优势的表达，做了一堆简洁，有设计感的产品。但愿意为铜器买单的用户并不喜欢简洁的产品，他们需要"看得见的工艺"与直观的价值感。10年时间，投了几千万，换来的是积压的库存。认真交学费的好处是将铜这个材料产品化的路数仔仔细细地蹚了一遍。

一直到2013年底，品牌开始和故宫合作，有了故宫IP的加持，

再加上产品开发思路的转变，终于让"朱炳仁·铜"这个品牌跑了出来。2015年的中国人已经与10年前不同了，随着国家经济的腾飞，大家更多地从传统文化上寻找表达自我的方式，但是当时国内没有更好的东方表达的载体，所以只能寻求有文化同源性，并且产业更加完善发达的邻国，这种迫切性带火了日本的传统器物，比如铁壶、漆器、瓷器等。

现在回过头来看"超前的10年"，朱军岷说，从做产品的维度，不能只是把铜作为一种材料。铜作为一种材料，在产品领域优势不多，轻不过塑料，防腐性能没有不锈钢好，价格还贵，假设没有背后的文化内涵，只是作为一个物件，铜器在当下的日用产品领域完全没有竞争力。我们与铜，都要摸索到与时代同行的机会。

## 贵是相对的，高净值用户不会认为便宜就是好的

做铜壶10年，迄今依然会收到这样的问题：铜壶烧水安全吗？是不是铁壶更好？朱军岷说，某种程度上，这也说明了"断代"的严重性。在我们祖父辈，中国人就是用铜壶煮水的，这是一个日用的产品。我们祖先用了那么久的东西，只是经过了两代人，大家已经几乎不知道了。市场如此，有些路走不通，交过学费，就得换一条路，用户需要培养，最终还是会为好产品买单。如果用户不买单，就不是好产品。所以，非遗也好，文化传承也好，

最终还是要通过产品把用户基数做出来。

不是所有的铜制品都适应现代生活方式，那就得"新瓶装旧酒"，用传统工艺打造新产品。非遗是一种积淀，做产品，更多的要考虑市场的需求，从消费者的角度分析，他们需要什么，而不是我们有什么。

"手艺好，有人买单，愿意为你花钱你才有价值。"本来手艺就是对老百姓生活有价值，才会一代一代传下去。离开了日用以及商业模式，手艺就是博物馆的文物、资料馆的史料。

撇开国家级非遗、百年老字号，朱炳仁·铜还是一个企业，要生存要发展，和所有企业有一样的发展法则，要占领更大的市场，要把产品卖给更多的人，获取更多用户。而传统工艺美术或者说文创产品在价值定位上还远没有达到它应有的高度，那么多精良的手工艺,却没有产生有用户基数的奢侈品品牌。中国有这么大的高端消费市场,但大家只在国际奢侈品店门口排长队。

大部分国货还在做"性价比",双十一靠着打折促销造就一个又一个销售数字,这只是爆品爆红节点,而不是品牌爆红的节点。朱军岷对于双十一这样的节点也是情绪复杂的,对于任何商家来说,整个生态都在做的销售节点跟不跟?当然跟。但是,打折对当前价格体系有冲击,又确实违背品牌的定位。作为消费者,对品牌的信任,一定不是靠着每年打几次折来完成的。

依靠新营销模式快速扩展用户,用高性价比推高市场占有率是大部分国货品牌的"突围之路",但最终三年五年的"网红"能否真正长红,依然还是未知数。所以,尽管一直在跟进开发适合电商售卖的产品,配合电商活动节点,该直播的时候上直播,朱军岷上线连麦,对话主播。但朱炳仁·铜还是在谨慎地保持自己的步伐,更强调对于供给侧的创新。

对于非刚需产品来说,往往客单价并不是消费决策的关键,朱炳仁·铜的目标用户还是"高净值用户",朱军岷对于这一人群消费的理解是:贵是相对的,可能售价 1 万元的产品不贵,反而 1000 元的产品却是贵的,这类消费群体愿意为好品质好品牌买单,不会认为便宜就是好的。现在所有品牌都在谈的用户年轻化,也并不是唯一准绳,朱军岷说,现在 40 岁也算年轻人了。某种程度来说,以购买场景来划分用户反而更加精准,尤其是对于有送

56　这个国家的新国货

礼属性的产品。

## 老字号也需要有敏捷的供应链和快速的市场反应

从 2015 年到现在，又经过五六年时间，通过线上的天猫、京东等电商平台，线下的景区店、机场店、商场店等渠道，朱炳仁·铜逐渐也积累了数据，有了相对成熟的设计开发的时间节点模式，通过终端来做细分市场。比如，在北京 SKP 和杭州大厦，寸土寸金，进店率相对是低的，当然不放客单价低的东西，在线上广受欢迎的萌系产品就不会放，反而需要放一些更具品牌代表性、客单价高的产品。在博物馆、景区的店，租金也相对低，低客单价的产品更为稳妥。

这也是朱炳仁·铜的产品优势，产品的价格从低到高都有。铜材质的产品，如果体积大一点，可以定价高一些，工艺复杂一点，也可以定价高一些。无论是体积还是工艺，都是消费者可感知的。过去十多年在产品领域的探索也锻炼了快速的产品开发能力，如今朱炳仁·铜可以每周推新品，快速上新，快速测试，外界印象中有非遗传承的老字号，其实也有着敏捷的供应链和快速的市场反应。

2020年10月，朱炳仁·铜获得老板实业、头头是道联合的8000万A轮投资，这是一个新起点，也是一个新的课题。而朱炳仁·铜所做的探索是，非遗传承的老字号如何去做高净值用户的生意，在将来是否能够有一个老字号的新国货品牌，拥有国际知名奢侈品的拥趸，像很多传承百年的奢侈品品牌一样，作为一种品牌而不仅仅是一种商品被用户认可。在一堆高性价比的国货爆品中，是否能有一个品牌不那么网红，却被一批优质用户长期追随？这或许是朱炳仁·铜最有想象力以及挑战性的未来。

**品牌小贴士**

作为非刚需产品，朱炳仁·铜的目标用户还是"高净值用户"，朱军岷对于这一人群消费的理解是：贵是相对的，可能售价1万元的产品不贵，反而1000元的产品是贵的，这类消费群体愿意为好品质好品牌买单，不会认为便宜就是好的。现在所有品牌都在谈的用户年轻化，也并不是唯一准绳，朱军岷说，现在40岁也算年轻人了。某种程度来说，以购买场景来划分用户反而更加精准，尤其是对于有送礼属性的产品。

## 于小菓：用新美学传承食文化

周作人在其文章《南北的点心》中，曾经概括中国的点心大约北方可以称为"官礼茶食"，南方则是"嘉湖细点"。北方多为唐宋遗制，讲究的是仪式与规矩，南方则可以追溯到明朝中叶吴中饮食的奢靡。

尽管周作人埋怨北方的点心不好吃，南方的点心知者甚少，在于小菓的创始人于进江看来，这恰恰是中国点心的"蓝海"："日本有和菓子，英国有下午茶，点心总是和特定文化联系在一起的。中国的点心不但包含丰富的食材、精良的制作工艺，更与中国节日、节气、祭祀、祝福、养生、地方民俗、日常生活等相融合，形成图案精美多样、寓意吉祥、口味丰富、南北各具特色的中式点心及文化，我们正是要挖掘点心背后的文化，希望把它做成中国的一张名片。"

## 国潮是一个独立的审美体系

重新定义这样一个在大众心理被打上了"过时"标签的产品并不容易。设计师出身的于进江并不着急打品牌、带流量，而是扎扎实实的用了 7 年时间，行程 10 万公里，走访了各地区众多特色点心老店和传统风俗博物馆。从北京民风民俗的礼仪习惯到江浙地区的节庆糕点，从山西平遥的深宅大院到福建百年宗族祠堂，他都如数家珍。同时，他还从全国各地收集到 1 万余块中国传统点心模具，这些模具从唐代到近现代，跨越千年，是作为研究中国传统点心文化的最好素材。

"走了这么多路，收集了这么多点心模具，你会发现我们其实对于点心了解得实在太少了，"于进江表示，"我们并不着急去发展庞大的产品线，或者随大流地去追求流行或者去添加所谓的'国潮符号'，而是希望先静下心梳理中式点心的历史、发展脉络、美学与生活民俗的关系。只有这样，我们才能真正找到属于我们这一代的审美。"

于进江表示，新一代的年轻消费者都是十分有鉴赏力的，他们渴望通过消费来表达自己的价值观和世界观。这种价值观相较于他们的父母，更为多元也更为包容，可能既热爱国际大牌同时也推崇传统；既追求颜值也注重品质。因此于小菓需要建立的是一个有温度，有深度的品牌，去拥抱这个新的群体。

"因为强大的文化自信，让年轻的消费者不再执着于国外的品牌，对于传统文化也更加推崇，但是他们不是一味地回归传统，而是在追求一种精神上的愉悦感。"于进江表示，"很多人提到国潮就是民国风，或者是传统元素的堆砌。实际上，国潮是一种新审美，它不是一个单一的东西，而是多元化的包容，例如我们的点心中你既可以看到唐宋的连珠纹，也可以看到明清的改良；对于小菓来说，我们的点心设计应当是一种独立的视觉符号，包容了不同

第一章 新审美：从博物馆走出的国潮美学

时期，不同地区的文化，给人一种耳目一新的呈现方式。"

于进江并不否认当代年轻人对于"颜值即正义"的推崇。"实际上，我认为对于颜值的追求本身就是新消费的特点之一，代表了消费者对于品质生活的追求。有些客人对我说，你们的点心做得太精致了，我都不舍得吃，我会觉得非常开心。点心的本质就是心意，能够把'匠心'引入到我们的点心中，让消费者看到中国的食物之美，带给他们愉悦的感受，是于小菓一直在追求的。"

于小菓对于"潮新审美"的追求还体现在其从材质、产品设计到包装的整体呈现方式上。他将传统与现代有机结合在一起，创造新的消费场景和文化体验。2020年推出的花想容唐风双色月饼，于小菓用现代文物修复技术复原了千年前的唐代陶制月饼造型，复刻成模具，消费者不仅能够看到大唐流行的连珠纹，于小菓还改良了食材和制作工艺，做成了双色造型，并通过食材创新研制了6种鲜花口味，更好契合年轻人对于健康的追求。

除了口味、设计之外，于小菓还从文化体验上挖掘点心的"仪式感"，拓展中国点心的消费场景。中国被誉为"礼仪之邦"，孔子也曾说"不学礼，无以立"。其实点心是最能表达仪式感的，中国的点心天然就与节气、礼仪联系在一起。但是现代生活方式的改变导致了这些仪式的退化，也在影响着中式糕点的发展空间，所以于小菓要做的不仅仅是拓展点心的消费，更是倡导文化和礼仪的回归。因此，于小菓还做了很多"多余的事情"：出版了《小

点心大文化》一书，内容涵盖点心与时令、节气、传统活动之间的联系，希望能够用更生动的图文形式，有效地传播点心的文化思想；在北京等地打造线下点心博物馆，通过一个类似于嘉年华的概念，让大家快乐地感受食物的魅力。

"在博物馆里，消费者可以零距离地体验中国的点心文化，明白在什么时候、什么场合下应该吃些什么样的糕点，让糕点成为消费者情感的表达仪式。"

## 标准化与地标产品

对于志在将于小菓打造成为中国文化名片的于进江而言,如何将"地方化"的点心打造成为"国际化"的产品是他要解决的问题之一。"中国点心走不出去很大的一点就是没有用国际化的视野进行标准化的改造。例如对于国际通用食材的使用,在健康的基础上进行口味和设计创新,标准化不仅仅是流程和食材的标准化,也是要从食品美学的角度重新定义中国点心。"

例如于小菓的拳头产品"于小酥"就是来源于中国的传统点心桃酥。但是,于小菓在原料流程上进行了创新,在口味上沿袭中国点心的传统口味,并根据食养健康的理念,结合现代年轻人口味进行改良加工,加入了榴梿、麻辣、黑糖等口味元素。"很多人对于点心的第一印象都是甜腻,而我们却做了麻辣、咸味的点心,让它更符合年轻人的口味。"

在点心的包装方面,于小菓也另辟蹊径

第一章 新审美：从博物馆走出的国潮美学

设计了"小鲜盒",利用脱氧剂在盒中形成低氧环境来保鲜,同时利用隔油纸防止油脂渗入影响美观,在材料上选择的是乳制品常用的铝模而非传统塑料。这项设计也获得了 2020 年德国设计奖,成了中国食品制造业中唯一获得此类奖项的企业。

在于进江的心里还有个梦想,就是利用于小菓的理念和产品去帮助和服务更多的当地老字号。"与很多的新晋国货品牌不同,我们对于线上业务非常慎重，希望能够通过线上发声让更多人了解我们这个品牌，而不是通过线上来获取流量带货。"于进江说，"于小菓的长处在于对文化的理解和产品的设计研发能力。今天我们发起了'百城千菓'地标特产升级计划，希望通过我们的努力，为各地特产升级，文旅结合，帮助中国各地食物产业联合文化推广振兴经济，做出'可以吃的文创'。目前，于小菓已经在北京开设了一个点心博物馆，并且还将持续和地方政府合作，在小镇内部署点心博物馆，开发具有当地特色的文创伴手礼。"

以获得2018"北京礼物"旅游商品大赛金奖的《京味福饼》系列为例，在外观设计上，于小菓对老北京怀旧建筑景观进行了提炼、美化，精心刻画在饼皮上，以不同的色彩进行搭配，完美呈现出北京的古都历史风貌；口味上则融合了地道老北京味道的自来白、自来红，配方来自新中国国宴里记载的传统制作技艺，以老北京特产青红丝、果脯、蜜饯混合调配出神秘优雅的老北京味道。

"我们希望能够凭借于小菓的设计和产品能力与地方合作伙伴一道推出具有各地特色的'地标产品'，共同去做大中国的点心市场。"

在于进江看来，点心背后就是匠心。而匠心则是最急不得的，尤其是对于点心这样一个天生具有文化意蕴的产品而言，需要从文化、产品、服务、沟通各个维度全面建立品牌体验，只有

这个国家的新国货

日出天安　　　　北海碧波　　　　佛香颐和

角楼旧影　　　　天坛古韵　　　　长城春色

消费者能够体会到背后的文化价值，才有可能真正地建立起长期的品牌。

"我们计划用 5 年的时间来建立我们的产品线，梳理我们的产品和文化、节令之间的关系。其实中式的点心可以融入到各种环境中，比如礼品、节令、常规产品等。最近我们联合郡王府推出的中式下午茶就成功地将中式点心加入到了下午茶场景中。不是这个市场不够大，而是我们的准备不够充分，我们现在要做的就是沉下去再沉下去，挖掘点心背后的文化，自然而然就会吸引到志同道合的人。"

**品牌小贴士**

新一代的年轻消费者都是十分有鉴赏力的，他们渴望通过消费来表达自己的价值观、世界观。这种价值观相较于他们的父母更为多元也更为包容，可能既热爱国际大牌同时也推崇传统；既追求颜值也注重品质。因此于小菓需要建立的是一个有温度，有深度的品牌，去拥抱这个新的群体。点心的本质就是心意，能够把'匠心'引入到点心中，让消费者看到中国的食物之美，带给他们愉悦的感受，是于小菓一直在追求的。

## 妙手回潮：审美赋能，不能只做"包装设计公司"

文创品牌妙手回潮的主理人沓凯有一个令人深刻的微信头像：裸背光腚的右侧一个红点。只要你和他说过话，那个"红点"就会在一堆微信列表头像中"脱颖而出"。这或许就是沓凯和妙手回潮的方式：一旦出现在你面前，就有挥之不去的印象。可能很多人并不知道自己买手机壳、对联和日历的品牌名称是妙手回潮，但当你提起"那个国潮文创"时，别人也能立刻明白。在一定语境下，妙手回潮就是国潮本潮。

妙手回潮这样的国货品牌不像是典型的商业案例，市场规模、增长率等并不能说明其代表性。作为国潮文创品牌的一个代表，从它的发展以及困惑可以窥见潮流、时代审美变化带来的影响，快速反馈着我们这个时代消费者的趣味。它面对的问题可以成为一个行业思考的切入点。比如，审美和设计的产业赋能，难道只能做一个"包装设计公司"？为何文创产品只能局限于几个没什么壁垒的品类？以及文创产品的未来在哪里？

## 爆款能让设计进入更多人的生活

2020年12月31日，妙手回潮的主理人夲凯从外地出差回西安。这一年是低开高走的一年，年头一记闷棍，年中逐渐恢复元气，年尾缓过来看看，也不算太差，是不幸中的万幸了。这也是这一年中国人的普遍感受。到了年尾，大家都期待能够喜气洋洋地迎来新的一年，这便是妙手回潮冲业绩的时候，年历、春联都在年尾出，是妙手回潮重要的上新季。

成立于2018年，"妙手回潮"四个字拆开就是"妙计相传，手制复燃，古今回观，再现国潮"。与德芙、故宫、国家宝藏、喜茶、Zippo这些品牌和机构合作，把太乙真人、哪吒搬出来，加持产品设计；妙手回潮也是设计界谐音梗玩得最溜的，"腰缠万贯"是个腰带，"好事发（花）生"印在Zippo打火机上，"诸（猪）事顺利"是猪年祝福喜袋，传统中国语言都可以变成好玩的设计元素。作为国潮代表，妙手回潮也紧随着流量，比如，与直播带货女王薇娅合作了一款春联，上联：有钱/有闲/有人爱/幸福，

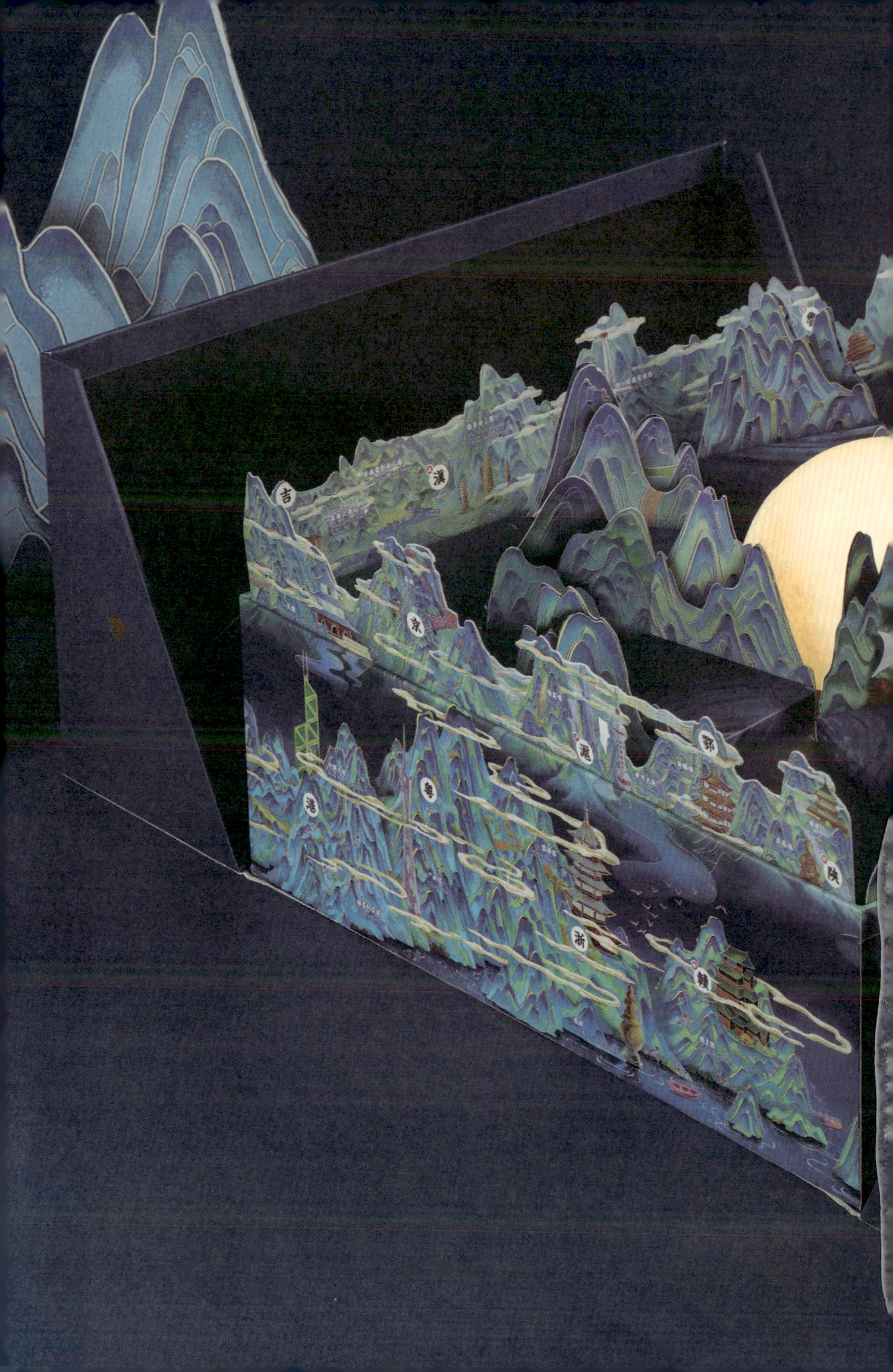
吉
漢
京
滬
鄂
港
粵
浙
贛
陝

中秋节
Mid-Autumn Festival
moon cake

下联：多吃 / 不胖 / 享健康 / 快乐。

杏凯对爆款对联其实"逆反"了很久，觉得太直白了，不太适应这种直白，从专业角度还可以做得更好。但是，大家都说好，杏凯总结："它好看，有点线面，也有自己的美学，只是这种美学不那么深刻。"但是，当下的用户就是比较喜欢把"人生赢家"的窗花贴在他们家窗户上，喜欢把"暴富"作为手机壳。在他们的观念中：普通意味着看不见，委婉则代表着不明确。

妙手回潮曾经做过一个眼罩，眼罩的名字是"我被金钱蒙蔽了双眼"，杏凯始终觉得那是一个有玩味的产品，但没有成为对联那样的爆款。所以，设计、喜好、商业最终都需要有一种相对复杂的平衡。某些品类能出爆品，有些品类或某些趣味的产品不能靠量来取胜，要靠精取胜，需要在投入上有区分；众乐乐和与独乐乐都需要有，前者代表某种商业成功的潜质，后者代表未来的某些可能性。

"非常个性"的杏凯始终觉得"设计存在生活当中，既不在金字塔尖也不在艺术馆，设

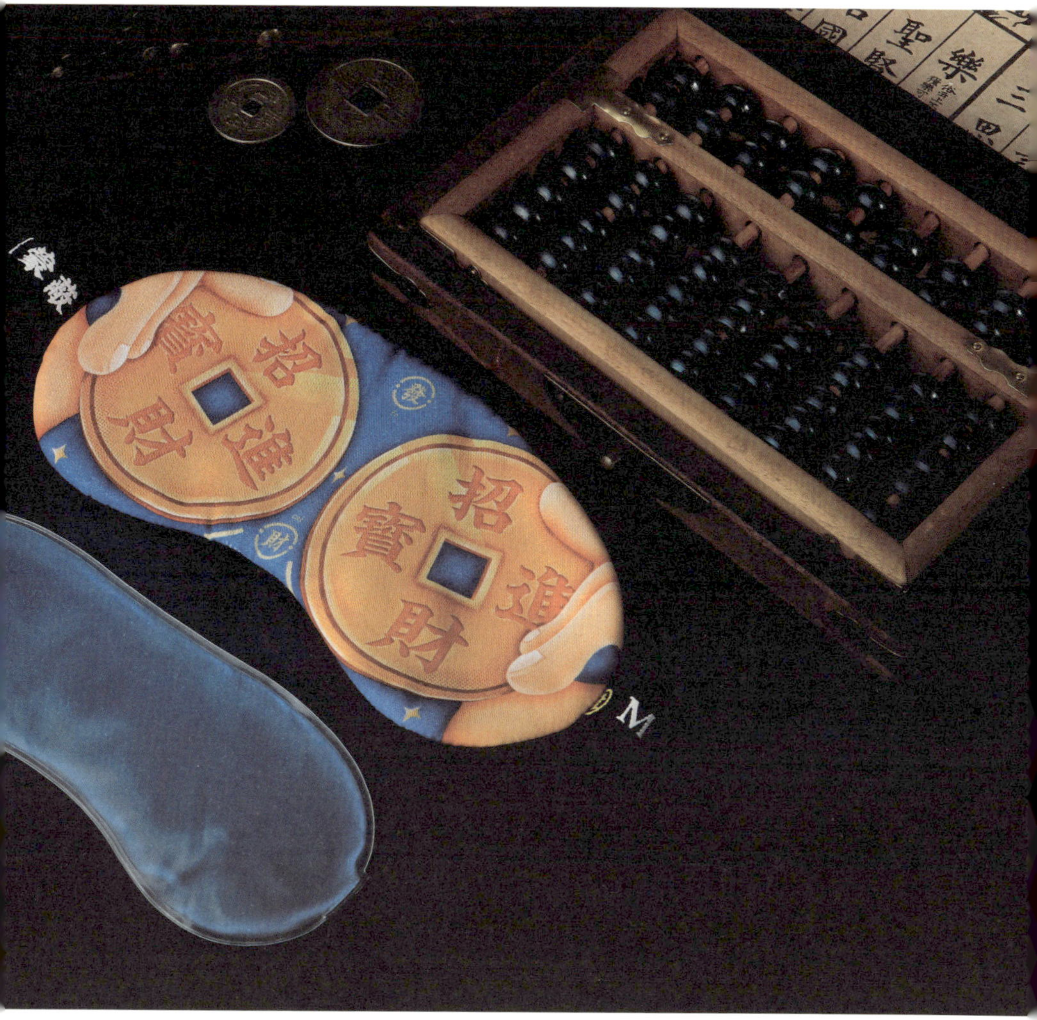
招財進寶
招財進寶

计最大的价值是改变当下，改变世界，改变生活的。"一个好的设计师，不在于他的设计有多厉害，而在于他懂得拿自己的东西和这个世界做交流，并转化成自己想要的任何东西。一个设计师如果只是想成为自己，那么，他应该去做艺术家而不是设计师。

爆款对联有什么价值？是让设计进入了更多人的生活。呇凯说："这个过程实际均衡了老百姓的审美与设计专业人士之间的差距，让设计师的专业得到了发挥，也让他们认识了新的市场。并希望有一天，当设计师能更加轻松驾驭市场之后，慢慢可以让市场的审美接受度往上提一点。"

## 千人千面的品类，需要跑量测试

作为设计师，当你面对市场的时候，需要面对的另一个重要问题是，以为自己足够谦卑了，愿意向市场低头，但实际上市场完全不买账，需求是瞬息万变的，可能通过一堆数据表现，你以为"尊重"了市场需求，最终发现不过是一种幻象。

杳凯自己的方法论是：跑量测试。比如，对联可以同时做二三十款，上线测试后，能跑出来就是"对"的那个。文创产品某种程度上是千人千面的品类，必须要靠量来测试，最后，与其说跑出来的是设计，倒不如说是概率。

所以，做文创产品的瓶颈也是在这里，能够用"概率"短期测试出来的，基本都是供应链的角度比较容易量产的。但是，如果涉及复杂供应链，比如，"非遗"项目的活化，就完全行不通。

正是因为品类瓶颈，文创产品的同质化竞争很厉害，在产品化阶段，几乎变成了没有壁垒的行业。平面设计师往往都可以从印刷品入手，然后是冰箱贴、手机壳、T恤、马克杯、金属别针，这些几乎是文创产品的品类天花板了——主要因为以上品类都是

起订量少、简单供应链就可以搞定的。所有会做纹样设计的都可以切入，几个讨喜图案就可以开个淘宝店。

文创产品逃脱不了"做产品的困局"：设计师发愁供应链，设计出来了，没有办法实现，实现了没法量产。有供应链的工厂发愁的是没有好的设计产品，可以量产，但只会制作，不懂设计。设计师和供应链对接上了，最后大家一起发愁渠道问题：去哪里卖，如何能找到目标消费者。而根据岙凯的经验，大部分人都死在产品的最后一公里：销售渠道问题。

那掌握渠道的这一部分是不是活得最好？某种程度上，确实如此。但是他们又会面临一个更大的问题：来自竞品的竞争以及目前身处的行业该往何处走的问题。而需要最终破局，就是需要完成设计、供应链、销售渠道的闭环问题，所有生意概莫能外。

## 国潮文创即将过时？

平面设计出身的岙凯很早便开始探索文创产品可能的道路，到妙手回潮已经是某个经验节点了，所以，能够有一些其他设计师没有的商业经验。"当你没有壁垒的时候，突破口就是把自己迅速做大，get 到消费者的一个真正需求点，这时你就会飞起来。"

2018 年开始的国潮发展至今，目前的市场，岙凯觉得有点像共享单车的末期，太多人入局，抄的仿的，市场有点乱，大量的同质化竞争，由此造成了过剩，过剩意味着过气，作为一种潮流，如果过气，那是不是离退潮就不远了？

一开始，市场上只有像妙手回潮、故宫、单向街出品的五六种日历，现在有 1000 多种了，当初卖得比较好的，有些销售额下降了六七成。这也是文创产品品类没有壁垒造成的，以日历为例，从产品的角度，只是印刷品，就如同书本和杂志的竞争，要旨永远不是那一沓纸，而是内文的内容。作为日历的内容，相对来说，竞争壁垒又没那么高。所以，接下来就比谁能熬，熬过去之后，做好迭代的准备才能活下去。

咨凯认为文创在行业中一直像游戏中"补血"角色，很多人会误以为文创就是一个提供"包装设计服务"的公司。比如，卖花生的找来设计公司做了国潮风格的包装，这些花生就不再是农产品，而变成了文创产品了。但咨凯说，文创的价值应该不止于提供一个外观，至少妙手回潮并不想只是变成一个包装设计公司。

设计师的加入，以及文创产业的发达，可以让颜值即正义的时代的审美变得更好，但文创的最终价值应该还是会落到公共性上。在咨凯看来，未来文创或许会在社区等公共领域有更多介入的可能性，就像装修一样成为某种标配，甚至在思维方式层面，比如，当公共设施要落地时，不光是考虑"实用""好看"，还有"创意"这一部分。

无论是国潮还是文创产品或将迎来一轮迭代。国潮的文化元素应该更加丰富，有更新的观念和更多的 IP 出现。文创产品开发的从业者需要更多元化，除了设计师之外，还有更多的工程师，比如做人工智能的，文创产品需要更大的脑洞，更多的想象空间，需要技术实现的环节，而不只是设计师在做好看的纹样或者外观。审美趣味如同技术迭代一样演进，过程考验每一个从业者随机应变的能力。

**品牌小贴士**

妙手回潮不只是一个提供"包装设计服务"的设计公司，而是要做兼备公共性、实用性和创意度的文创产品。文创不能靠量来取胜，要靠精取胜，需要在投入上有区分；大众爆款和与小众精品都需要有，前者代表某种商业成功的潜质，后者代表未来的某些可能性。这意味着更大的脑洞、更多的想象空间、更多元的行业从业者，以及更新潮的产品样式。

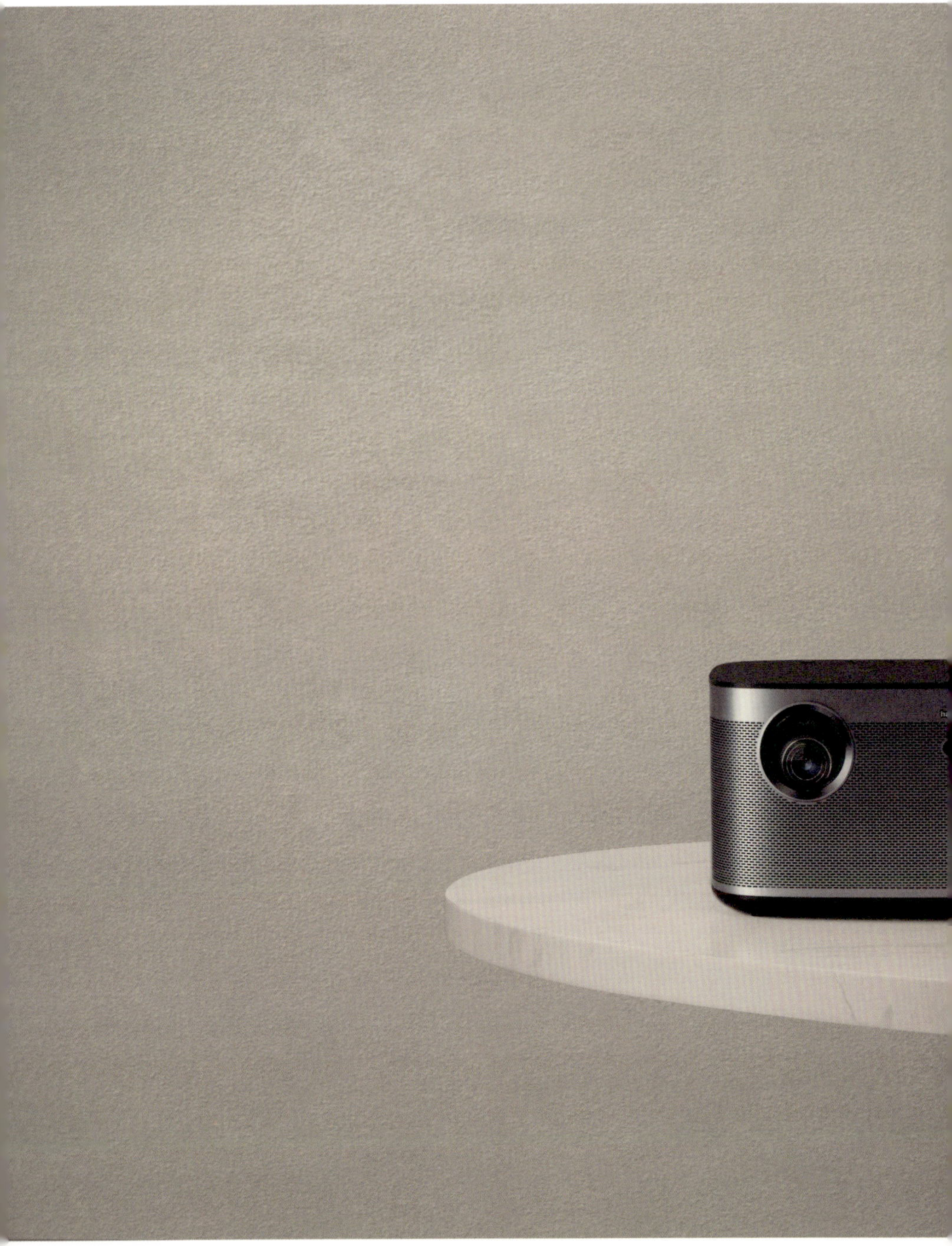

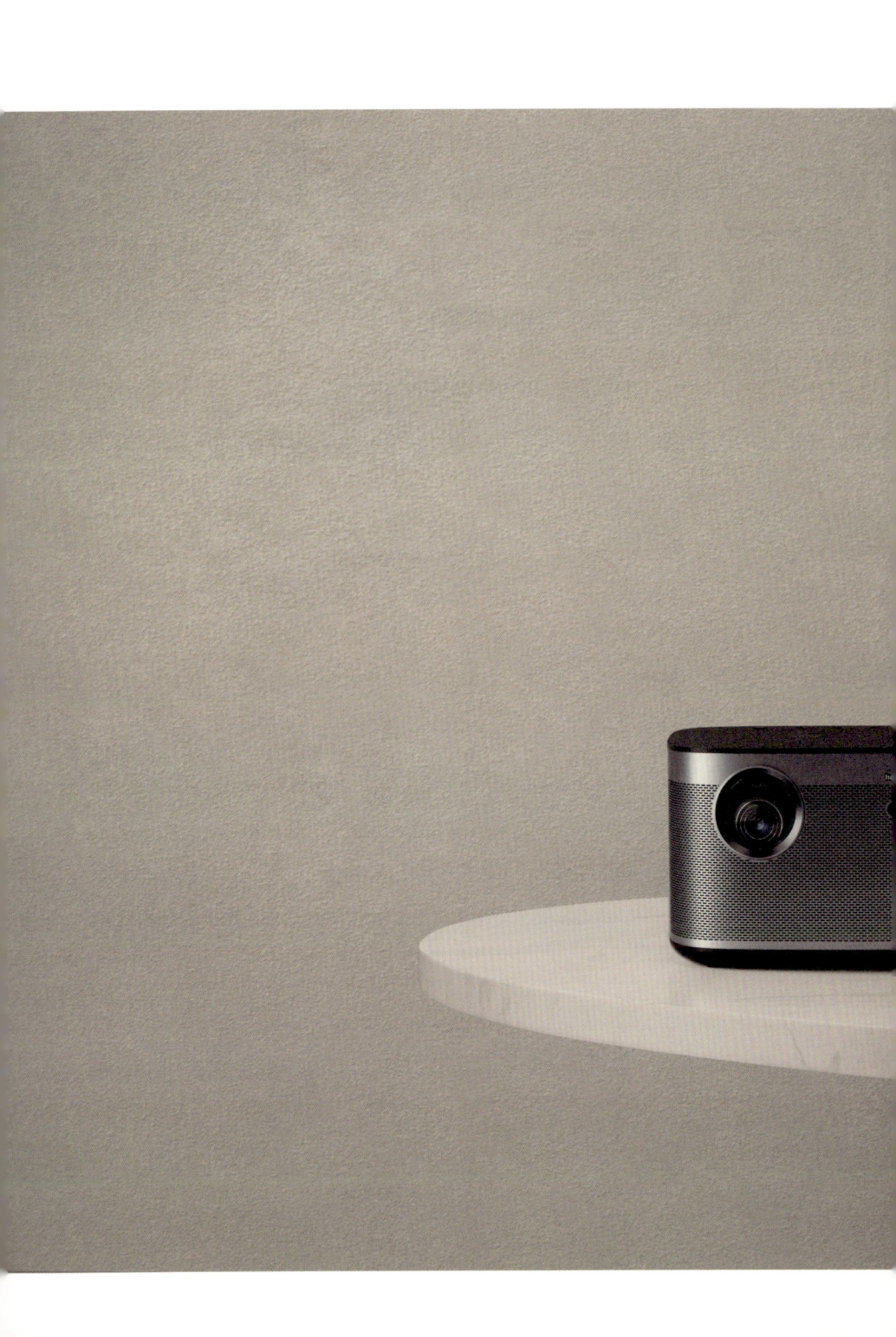

## 第二章 新技术：不是引导需求，而是创造需求

消费品一直以来被认为是技术含量不高的行业，事实上技术对于很多产品的迭代甚至新兴行业的出现都起到巨大的作用。对于许多新出现的国货品牌来说，技术上的创新只是一种手段，而最终他们希望去往的方向不是对消费者现有需求的一味迎合，而是从零开始，重新培养消费者的使用动力、消费习惯，以及对产品的空间想象。

## 极米科技：创造新赛道，打破国际品牌垄断

乔布斯和最初的 Mac 团队第一次开会时，一位成员问是否应该做一些市场调研，看看顾客想要什么。乔布斯回答说："用不着，因为在我们把产品拿给顾客看之前，他们根本不知道自己想要什么。我们的任务就是读出那些还没写在纸上的东西。"

乔布斯的理念其实很简单，创新不是为了迎合需求，而是通过创造性的破坏，引导新的需求。

在以极米科技为代表的"家用智能投影"产品横空出世之前，投影仪应用的场景主要是办公和教育，市场份额也主要被诸如爱普生、明基等大品牌所占据。2014 年，随着整合了投影、音响和智能系统的极米 Z3 的推出，中国智能化投影新赛道正式开启。以

极米为代表的国产投影仪厂家,看到了"大屏升级"和"家庭第二电视"的新场景,通过不断提高音画品质,加载智能系统将投影仪从传统的办公,教育领域引入个人消费领域,开辟了"智能微投"的新赛道,并且一骑绝尘。

IDC 数据显示,2017 年中国投影设备市场总出货量累计达到 332 万台,同比增长 31.7%,极米科技出货量位列第二,中国台湾品牌明基位列第三；而到了 2018 年，中国投影设备市场总出货量累计达 435 万台，极米则以 13.2% 的市场份额位居榜首，首次超越知名品牌成为中国投影市场第一。以极米为代表的新国货品牌的弯道超车，不仅是制造工艺的提高，更是对中国消费场景的敏锐把握和极致产品精神的体现。

## 把握年轻消费市场,创造新赛道

2012年,极米科技创始人钟波,在对当时风靡的"智能电视"抑或"智能盒子"的模式说"不"后,带领着已经在电视、电视芯片领域工作十多年的极米科技创始团队,每个月领着3500元的基本工资开始了创业之路。

"今天大家都知道极米是家用智能投影第一品牌,但是在当时,我们完全没有方向,我们只知道我们不要做什么。"钟波表示。"我们知道很多年轻消费者实际上是租房子住,他们要么没有电视,要么是房东淘汰的旧电视,这类消费者不会去买大电视,因为安装,搬家很不方便,而且将来有了新家,电视尺寸可能也未必合适,但是同时他们对于生活质量的要求也是很高的,对于画质,音响和智能化都有要求。因此我们就在想,能不能改变传统电视的形式,创造屏幕自由的产品。"

作为一个显示屏行业的老兵,钟波对于电视可谓是爱恨交加。"我经常在思考,为什么电视的技术一直在进步,但是开机率却越来越低。人们对于观看的需求究竟应该如何满足。"钟波曾表示,一方面,随着消费的升级,人们对于大屏化的需求在不断增长;另一方面,短视频的流行也给了他启发,观看这个活动应该是可以随时随地进行的,因此屏幕应该是无形的。那么如何达成这些需求呢?钟波和他的创业团队用了三个技术达到了这些目标:

投影技术解决了大屏化需求；固态光源技术（LED）解决散热、寿命和体积问题；智能系统则可以随时随地获取高画质内容。

  鉴于之前投影仪的销售渠道多为办公和教育市场，属于 2B 端产品，转向 C 端后，消费者的教育就显得十分重要。极米又结合中国消费市场线上化的特点，抓住电商风口，在 2C 端，一方面通过高性能吸引年轻消费者尝鲜；另一方面将"家用智能投影对孩子的眼睛更好"这个观念教育市场，吸引主流客户，实现了在线

上平台的销售快速增长。线上平台的销量，成了公司主要的增长引擎。公司的招股说明书显示，包括京东、天猫淘宝等在内线上销售额占到了极米整体销售额的 73%。而平台电商也是以极米为代表的国货品牌的主力阵地，在 2020 年一季度的电商平台销售市场占比中，中国厂商包揽了前五。

## 一根筋死磕技术，打造多维度产品矩阵

钟波自认为是一个"一根筋"的人。他和自己的创业团队专门打造了一个"极米锤"，对于不满意的样机一律当众销毁。为了筹备第一代产品，他和他的创业团队以三套模具，三种方案同时作业，在无数个不眠之夜后，却在临上市时亲手砸掉它，从头再来，原因仅仅因为体积不够小。

现在，极米拥有 350 多名研发人员，他们在不同领域不断研发与尝试，很多产品雏形在草稿阶段就遭遇否决，有些是在样机

第二章 新技术：不是引导需求，而是创造需求

阶段结束，有些是在小批量量产阶段停产。在 Z4 智能投影推出后，因产能跟不上，钟波和合伙人干脆剃了个光头向消费者道歉。"我们对于每个阶段的要求都很严格，希望能够带给消费者最完美的产品。作为一个创新性的产品，从供应链到产品预测等都是全新的，极米也在不断完善。"钟波经常说，自己忙来忙去就忙一件事：不计成本。

钟波的不计成本还体现在其"死磕"投影仪核心部件——光机的研发。在企业创立的第二年，极米科技就成立了成都极创光电科技，开始自主研发光机。经过 4 年多的投入，2019 年公司实现了光机技术自主化并逐步开始导入主流产品，自研光机比例达到了 7.92%。2020 年则上升至 58.72%。

"自研光机使我们大大摆脱了对外部供应和境外垄断的限制。虽然我们去年自产的比例还不高，但今年我们会扩大自研光机的量产和使用，此次上市募集资金也将会用于投入我们的光机研发中心项目，进一步提高自有光机的研发水平。"钟波说。

除了自研光机之外，极米科技目前已经具备了全面的投影设备开发能力，在投影设备整机开发、算法的开发和智能交互系统等方面积累了多项核心技术。截至 2020 年 8 月 31 日，公司共拥有计算机软件著作权 34 项，已经取得权利证书的专利 330 项，其中发明专利 22 项；在申请发明专利 158 项。

除了占据收入主流的智能微投系列产品，目前极米在潜力巨大的激光电视方面也早已开始布局。相较于智能投影产品，激光电视投射比小，清晰度高，颜色更为艳丽。根据 IDC 数据，2019 年国内激光光源投影设备出货量为 39 万台，同比增长 39.38%，2016～2019 年国内激光光源投影设备出货量年均复合增速达 62.56%，是下一个无屏显示的"红海"[1]。

"我一直认为，未来的显示屏幕可大可小，屏幕无处不在，而且可以招之即来挥之即去。所以，尽管我们现在有一些产品已经做了一些创新，但是我们坚信现在的产品形态一定不是最终的产品形态，还需要继续创新。"钟波表示，现在公司的一些创新科技产品已在实验室初具雏形，当它们应用到新产品中，会让用户"惊叹不已。"

疫情之后，极米又有了更大野心。钟波希望把中国的创新产品带到海外市场。"之前我去考察欧洲市场，发现海外市场的主流产品，还停留在四五年前，所以海外市场极为广阔。"目前极米科技已经在布局日本、欧洲、美国等发达国家市场。2019 年，极米产品境外市场收入仅占比 1.96%，发展空间巨大。

凭借着创新的产品形态，极米科技能否顺利出海仍然存在变数。在诸如芯片等领域仍然被国外厂商垄断的情况下，如何构筑新国货的品牌和技术护城河是极米亟须面对的问题。钟波认为，

---

[1]　红海：代表现今存在的所有产业，已知的市场空间。

无论是海外消费者还是国内消费者，对于极米来说都是一样的，通过创新对于客户需求的深度挖掘然后依靠研发投入发展成为技术壁垒。"就像华为做拍照一样，一年一年坚持投入，到最后就可以形成壁垒。"

> **品牌小贴士**
>
> **新技术带来的破圈效应**
>
> 　　我们经常讲跨界打击，因为无知者无畏，他可以在毫无顾忌的情况下重新想象，比如互联网大佬们冲进汽车行业，重新想象一个物件对于身处这个行业的人来说是艰难的，因为他的专业让他产生了敬畏，他的经验禁锢了他的思维。但是极米的钟波做到了，他从电视行业出发，重新想象了电视，用投影的方式再造了电视，通过三大技术改造解决了电视行业一直无法解决的问题，把投影从办公市场释放出来，成了家庭的另一种电视，新技术就是这样在打破很多行业的边界。
>
> 　　　　　　　　　　——新匠人新国货促进会执行会长胡晓东

## 永艺家具：塑造全球通路，打造新国货

2020年，对于永艺家具的CEO张加勇来说，可谓是"惊心动魄"。从年初因为疫情千方百计复工复产，国外疫情导致订单大减，再到在家办公需求的兴起而带来的订单暴增，在外界看来"峰回路转"的V字反弹，在张加勇看来却是自然而然。

"业绩反转的原因，疫情防控背景下海外需求提升是一方面，但更重要的支撑力，是永艺过去几年降本增效、开拓市场、深度聚焦等一系列变革。"张加勇表示，永艺的"后劲"来自新客户、新市场、新基地、新品类、新渠道、新产品。在这"六个新"的背后，隐藏着这个中国最大的办公家具出口商"向内打造国货品牌，向外塑造全球通路"的野心。

米勒特 Mellet

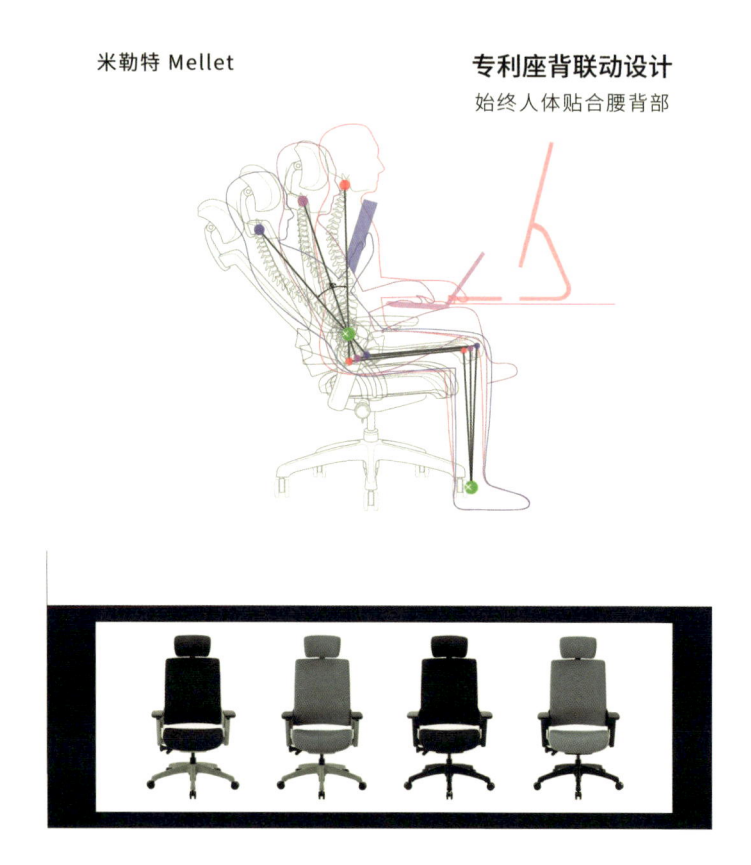

**专利座背联动设计**
始终人体贴合腰背部

张加勇表示，经过20年的不断摸索，永艺已经具备了自主创新的能力和先进的制造工艺，可以为中国的消费者更加定制化的进行生产符合他们消费需求、审美习惯和人体工程学的产品，这也是企业的信心所在。

从安吉一家注册资金50万元，租用2500平方米的厂房起步，张加勇硬是凭着对技术的"死磕",成了国内最大的办公家具品牌和出口商之一。海通证券的数据显示,目前办公椅的国内市场主要企业包括永艺、震旦、美时、联友、恒林等,出口市场中,2019 年永艺和恒林包揽前二,份额合计约 11%。

## 差异化的产品力,拓展微笑曲线

与传统的中国制造业一样,永艺创业之初规模小,资金少,整个行业的同质化严重,大部分中国企业都处在微笑曲线的底部,附加值很低。但是从创业的第一天起,张加勇就给自己和企业提了一个要求——做一把不一样的椅子。这种"不一样"不仅体现在永艺创立之初就敢啃"结构最复杂、工艺最繁琐的按摩椅产品"这个硬骨头,还体现在从第一天起,永艺就已经开始攀爬微笑曲线,用设计研发来提高产品的附加值。"舍得投入"是业界对于永艺家具的一致认同,公司每年都会拿出 3% 以上的销售收入用于研发创新。

"永艺股份第一个成立的部门,就是设计研发部。做相对难一点的产品,是我们的破题之法。"张加勇表示,通过差异化,难一点的产品确立护城河。2003 年,永艺股份的销售额即突破亿元。随着 2004 年 3 万平方米生产基地的建成投产,公司规模进一步扩大,迅速跻身安吉椅业前十的行列。

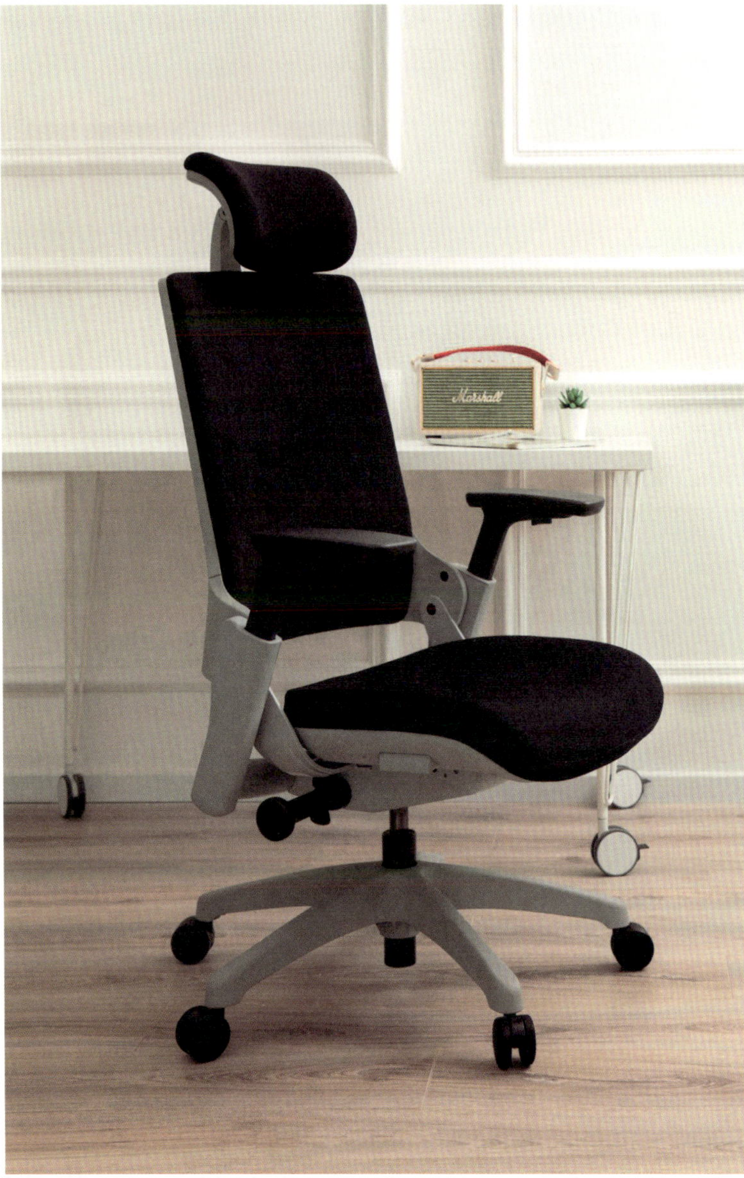

尽管外贸订单稳定，不需要过多的投入，张加勇仍然居安思危，从品牌创立之初就开始着手打造自己的品牌。2006 年，在新加坡国际家具展上，永艺开始展示自主设计的办公椅。同年，公司成立国际研发中心。2012 年，永艺又成立了健康坐具研究院。近来，公司与浙江大学合作成立了创新中心，并拥有行业首家国家级工业设计中心、首家省级健康坐具研究院和省级院士工作站；截至 2020 年 6 月 30 日，公司累计申请专利 962 项，拥有有效的发明专利 46 项，发明专利数量在国内座椅行业大幅领先。

一把椅子看着简单，实际上复杂程度不亚于一个小型机器，功能复杂一点的转椅，需要五六百个零件，是工业设计和创新的极致体现。张加勇表示，例如永艺转椅的底盘创新，拿到全球的椅子行业中都可以直起腰来。"转椅所需要的零配件都是在方圆几十公里的范围内加工生产的，甚至有些核心零配件已经成了行业里的单打冠军。"正是这种无可比拟的供应链优势，让以永艺为代表的"新国货"制造商，在创新研发过程中可以更贴近供应链，更贴近市场，可以做到在控制成本的同时，敏捷创新，不断提高产品的附加值。

## 全球视野，扩展新市场，新基地

作为国内办公椅执牛耳者，永艺的核心市场主要在美国。近

## 西涅克 SIGNAC
### 高端奢享办公椅

## 坐躺两用·办公、休憩两不误

- 专利体重感知底盘
- 蕴藏式抽拉搁脚
- 4D铝合金扶手
- 网状柔软触感聚合物椅背

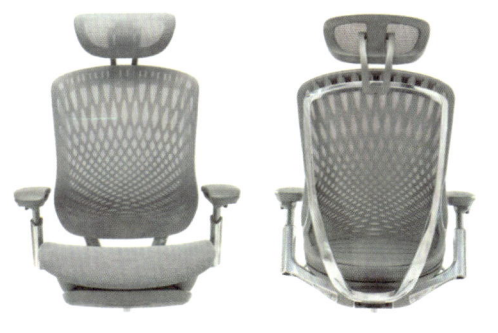

年来，随着永艺自身研发技术和制造工艺的提升以及国际环境的变化，公司开始将业务扩展至欧洲日本等地区。为了分散贸易摩擦带来的风险，也为了开拓新市场，公司这两年开始了全球化布局，先后在越南，罗马尼亚建设生产基地。

张加勇认为，不同于以往的制造商，"新中国制造"既要提升制造工艺，又要有国际视野，打造全球通路。逆全球化背景下，出口贸易产业受到重创，办公家具也位列其中，全球化的产业布局有利于分散贸易风险。2018 年永艺在越南设立生产基地，已经于 2019 年年初实现出货，四季度开始放量。目前越南基地第二期工程正在顺利推进中，产能完全释放后，将有望达到年产能 20 亿元以上。

与此同时，永艺也开始积极布局新市场。"以前我们主要是做美国市场，欧洲市场相对薄弱。因为欧洲市场好的产品都是本土制造，进口的都是相对低端的。我们以前看不上这类所谓低端的产品，但是现在也在转变观点，随着制造工艺的提升，低价产品未必等于低质、低利润；此外，通过大客户的通路，市占率可以很快提升。"张加勇表示。

凭借着创新的设计以及良好的质量，永艺的产品远销 70 多个国家和地区，与全球多家专业知名采购商、零售商、品牌商建立了长期战略合作关系，其客户中不乏宜家、Office Depot、Staples、Nitori 等耳熟能详的世界知名品牌。

## 打造新渠道，抓住国内市场风口

相较于欧美等发达经济体的传统市场，新兴国家办公椅市场的发展近年来不断提速。2018 年，发展中国家的办公椅市场规模达到 138.2 亿美元，同比增长 8.8%，远高于美国和欧洲的 4.8% 和 1.9%。

俗话说：春江水暖鸭先知。对于办公家具市场极度敏锐的张加勇很早就开始布局国内市场。然而从只看订单到打造自己的品牌，永艺的这个转型并不容易。刚开始公司曾经尝试将出口产品引入国内，但事实证明行不通。国外的零售业态结构、消费习惯和国内大不相同。永艺开始探索中国市场的"破题之法"，疫情期间的"触网"直播让张加勇对于国内市场有了更深的体会。

"对于国内的办公椅市场而言，一方面是通过技术让消费者切切实实地感受到产品的质量，符合消费者对于高品质生活的追求；另一方面则是在定价策略、产品策略、营销策略上进行创新。大力开发符合线上消费人群的产品，通过高性价比的产品、高质量的服务以及各种资源实现'弯道超车'，在互联网渠道上打造一个个性化、年轻化的品牌。"

如果说对于国际市场的突破，张加勇是赢在用质量和研发拓展线下大客户，打通传统零售渠道；对于国内市场，他的制胜之道则是量体裁衣，凭借着供应链和产品的优势，通过线上电子商务、直播营销与线下渠道建设相结合，拓展营销网络，扩大国内市场销售份额。

公司在线上加强天猫、京东等自营平台的产品力建设，拓展电商新零售平台和直播营销渠道，与网易严选、小米有品、必要商城、吴晓波频道等开展合作，打造自有品牌价值。为中国消费者打造的蒙柯办公椅，在吴晓波的淘宝"新国货首发"直播中，销量达3000多把，当天位列天猫电脑椅类目第一。张加勇表示，疫情防控期间，永艺电商板块的业绩不降反升，坚定了公司推进自主品牌的决心，会进一步加大力度支持自主品牌的建设。通过与G20峰会、华为、格力、上交所等大客户的合作，永艺也在不断拓展布局国内线下网络。

张加勇表示，目前国内的办公椅类市场仍然在培育中，对于办公椅这样一个舶来品还没有强势的品牌冒尖，这对于永艺来说是一个巨大的机遇。"目前国内的办公椅市场，已经进入了品牌竞争的阶段。对于国货品牌来说，最大的优势就是对市场，对渠道的理解。"

他对中国办公家具市场的未来充满信心。他认为，未来将有越来越多的外国企业也会加入到国内的市场竞争中，而对于国产品牌来说，经过了多年的技术积累已经有了自己的核心技术，加上对于渠道和品牌打造的先发优势，国产品牌已经具备了与外国品牌在本土市场一较高下的能力。

"我们一手抓着国内的渠道，另一只手抓着这么多国外的优质品牌客户，那未来有没有可能会反过来，这些国外品牌愿意把他们的核心产品交给我们，让我们来帮他们对接中国市场呢？"张加勇这么说道。

> **品牌小贴士**
>
> **一把不一样的椅子的奋斗史**
>
> 国企被迫下岗创业，从代工到自主品牌，从2B到2C，坚持将每年3%的销售额投入研发，有行业最多的专利，用20年做成行业第一。我们好像看到了华为，但这是永艺的故事，张加勇的故事，一个想做一把不一样椅子的故事，一个非常典型的中国制造业故事。从代工开始用廉价劳动力换发展，以极强的毅力和极大的耐心，再投入研发，不断向价值链顶端前进，最终成为行业龙头，也是一个企业家一步步成长的过程，从赚点钱到做成行业第一，再到给国人做一把适合的好椅子。我们期待着各个行业的永艺们。
>
> ——新匠人新国货促进会执行会长胡晓东

# SKG：大健康市场里持续的"自我攻击"型创新

如果第一次见到 SKG 的颈椎按摩仪，你可能会误认为这是个无线耳机，甚至是颈部装饰品。轻巧的设计，酷炫的造型，多彩的颜色，加上众多明星出街带货，让人怎么也无法将几年前电视里"送爸妈，送亲友"的合家欢按摩仪与"年轻潮人出街标配"联系在一起。在 2020 年的双十一中，SKG 全渠道销售额突破了 2.2 亿元，名列天猫平台按摩保健行业销量第一，京东平台销量第一。

在 SKG 的创始人刘俊宏看来，自 2007 年成立以来，SKG 时刻都在变化，产品线变化，商业模式在变化，而始终不变的是拼搏者的精神和成就客户的价值观。从满足用户性价比需求转型到注重生活品质的大健康领域，SKG 做了很多减法，不仅聚焦最底层用户需求，也砍掉了很多品类，以按摩仪品类为切入点，产品方向重新聚焦。

目前，SKG 不仅在国内市场销量稳居榜首，在海外市场也同样畅销，至今 SKG 的销售业务版图已遍布美国、加拿大、新加坡、日本、韩国、俄罗斯等 10 多个国家，全球销售的颈椎按摩仪中每 10 台就有 7 台来自 SKG，市场占有率高达 69%。

## 全球化格局，聚力创新

刘俊宏在 SKG 内部论坛祝贺公司成立 13 周年的发帖中曾经讲过，他在一开始创立 SKG 就是受到《世界是平的》这本书的影响，自此 SKG 就拥有全球化品牌的愿景。

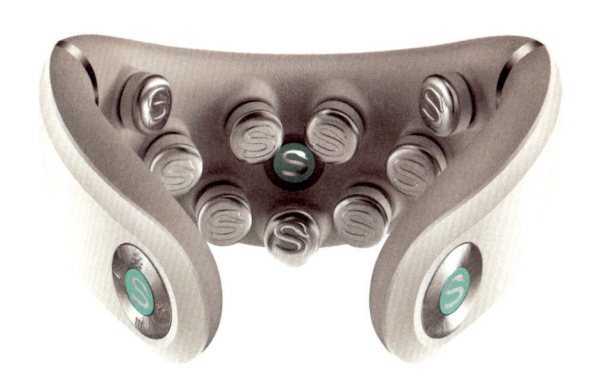

SKG 梦想就是创造一家全球消费者都喜欢的品牌，代表中国品牌走向世界。现在 SKG 的产品线，从颈椎按摩仪到眼部按摩仪到现在的筋膜枪，实现从肩颈到全身按摩放松。作为一家高速成长的公司，不断发展中解决各种挑战。"这就像是一个高速飞行的飞机需要在保持飞行的情况下换引擎一样艰难。我们经历了很多挑战，也做了很多努力，最终决定聚焦健康产业这个赛道，用科技的力量，为个人和家庭提供智能穿戴和医疗器械产品。"刘俊宏表示。

《2020 年中国睡眠指数报告》指出，我国人民的颈椎健康问题越来越年轻化，而受到颈椎病影响的 20～35 岁的年轻人也超过了 70%。不同于传统对按摩仪家庭场景的理解，SKG 迅速锁定了年轻人这个消费群体，并且重新定义了颈椎按摩仪这个新品类。秉承着"简单、开放、坚持"的观念，刘俊宏带领着他的团队对于按摩仪做了几个方面的创新：

1、技术创新

区别于传统的物理按摩仪，背靠强大的自主研发技术，SKG 依托强有力的 300 多人的技术支持团队，研发出秘经通、磁效应技术、柔性发热技术等领先行业黑科技。最值得一提的是，SKG 华为云达成合作，利用 AI 算法持续优化按摩仪的使用体验，降低新用户的学习门槛，为用户提供更全面的健康监测、健康干预等功能，由此打开了人们对可穿戴产品的想象。

2、外观创新

颠覆原有对于按摩仪笨重、不便携的想象，SKG 走在国际潮流的前端，在设计方面也坚持与数码产品接轨，以现代感、科技感为导向。"手机的重量、耳机的外观"，这是所有用户使用过 SKG 后的评价，为了更加贴合年轻人的审美习惯，同时有别于传统数码设备的设计，让其产品在视觉上更为突出。其独特的蓝绿色标志，"SKG 蓝"加"天鹅颈"的 logo 设计，让 SKG 在以"黑白灰"为主数码商品店环境中快速获得消费者的注意与关注，也让其成为年轻人时尚装饰的一部分。

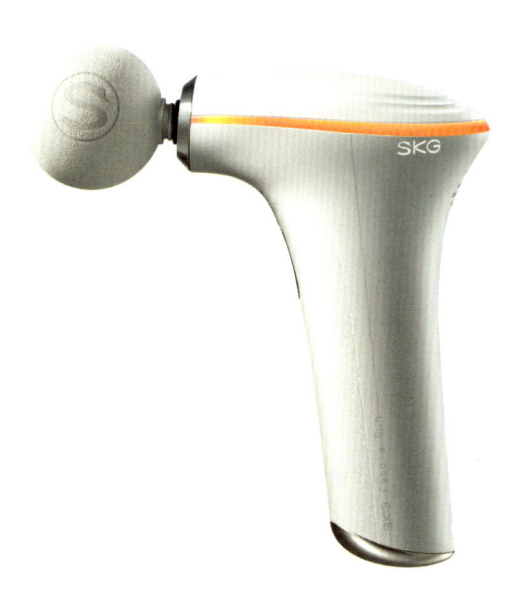

### 3、消费属性创新

基于技术及外观升级，SKG 不止步于按摩放松属性，产品消费的场景从传统的家庭场景，变成了"随时随地放松自我"，引流更多健康的生活方式。由于消费属性的创新，使得 SKG 突破性打开了传统按摩仪和健康器械的界限，成功与现代、时尚的生活方式相结合，与《乘风破浪的姐姐》《这！就是街舞》等大综艺节目的合作，让"按摩仪"这个新品类牢牢地占据年轻消费者的心智，并与时尚、健康的生活方式深度捆绑。

"无论是从技术、外观还是调性，SKG 都重新定义了这一品类。"刘俊宏表示，"看起来我们的产品很小，却能解决一个大问题。而我们未来所

第二章 新技术：不是引导需求，而是创造需求

有的发展策略，都是以解决消费者的健康问题为导向的，以创新为前行的动力。"

最终，这个重新定义按摩仪品类的品牌成功"出圈"。权威央媒人民网、新华社、环球网称 SKG 是大健康行业赛道上的一匹策马狂奔的"黑马"，是大健康行业中的佼佼者。在销量上，2020年 K5 系列明星制定款双十一期间累计销量超过 10 万台，无论是品类还是品牌销量都遥遥领先。

"我们是按照做艺术品的理念来做产品。"刘俊宏表示，"推动我们做创新最大的动力就是'问题意识'，即我们要解决什么问题。在转型之初我们就决定要解决大健康领域的'社会问题'，让大家都生活得更年轻、健康。然后我们就锁定了人体最容易出现的问题，秉承用户思维研发产品。"

## 可穿戴设备只是一个起点

SKG 近日发布了两款新品：一款是 G7 热灸推揉颈椎按摩仪，另一款是 F5 热敷按摩筋膜枪。刘俊宏表示，虽然目前公司最热门的产品是颈椎按摩仪，但是公司不会只停留在单一的品类上，通过长期的技术储备，公司在 2021 年将会推出涵盖颈部、眼部、腰部等多个产品线。"我们集团的医学专家正在积极储备 SKG 未来 3～5 年的产品，例如血压手表，心电数据，血糖监测等，这些具有科技含量的产品，将会帮助消费者形成更良好的生活习惯，让健康更简单。"

不满足于线上销售的成功，刘俊宏和他的团队也在积极部署线下的店面。"未来，新中产对于健康产品的需求将越来越高，并且作为一个全新的品类，对于消费者的线下教育也是必不可少的，线下的体验将会更好地促进线上的销售，从而成为一个完美的闭环。"刘俊宏表示，目前除了天猫、京东等电商平台，SKG 在线下已经拥有超过 6000 家专卖店，其中包括 2020 年开的超过 3000 家门店，"在国内几乎所有的机场和高铁站，都能看到 SKG，我们还将积极拓展品牌专卖店的形式，让我们的品牌更加深入人心。"

而无论是扩充品类还是线下拓展抑或是渠道营销，在刘俊宏的眼中都不是未来战略中最重要的。在他看来最重要的是企业的组织能力建设。"组织能力建设看起来十分抽象，却是决定企业发展最重要的力量，尤其是企业在实现了最初的规模化之后，从 1 个亿扩展到几个亿，如何进行顶层设计，规划企业的运营，将决定企业的未来发展。我希望 SKG 的员工就像 Google 的员工一样可以迎来很多人羡慕的目光。"刘俊宏说道。而另一个增强组织能力建设的方法则是对于外脑的运用，通过不断引入第三方咨询，打磨商业模式，提高员工职业素质，不断优化运营，实现企业在长途飞行中的高空换引擎。

距离 SKG 成立已经有 13 年，中国的消费者早已经过了唯国外的产品马首是瞻的时代。面对当今的消费者，刘俊宏认为其实和之前并没有本质的不同。"消费者的本质仍然是想购买到好产品，是我们变了，中国制造的产品质量更好了，设计更美了，服务更贴心了。所以消费者对于国货有信心了。而对于 SKG 来说，我们的初衷并没有变化，我们现在要做的是要把好的产品带到国外去，在全球都能看到 SKG 的产品。"

**品牌小贴士**

用做艺术品的理念来做产品，这是 SKG 刘俊宏秉持的信念。推动 SKG 做创新最大的动力就是"问题意识"，即生产出来的产品应该去解决什么样的问题。新中产对于健康产品的需求将越来越高，因此解决大健康领域的"社会问题"迫在眉睫。作为一个全新的品类，SKG 锁定了人体中最容易出现的问题，秉承用户思维研发产品，通过消费者在线下的体验促进线上的销售，从而成为一个完美的闭环，成为在一众健康品牌中"走出来"的那一个。

## 90分旅行箱：整合全球供应链，重塑箱包行业格局

2018年的拉斯维加斯 CES（国际消费类电子产品展览会）展上，一个可以自动跟随的自平衡智能跟随旅行箱，吸引了包括《华尔街日报》、《华盛顿邮报》、路透社、NBC、BBC、CCTV 的国内外知名媒体的目光。这款全球首个双轮驱动的可登机自平衡智能跟随旅行箱，内置 Segway 定制跟随芯片，可实现前后双向智能跟随，20米内随时可召唤。制造这个"智能旅行箱"的品牌90分，来自成立仅三年的中国企业——润米科技。

公司的创始人范劲松表示，这款命名为 Puppy1 的跟随旅行箱是一款概念性产品。"我们希望把创新和顶尖技术融入箱包行业，今天的箱子有指纹解锁功能，未来可以有人脸识别功能。90分致

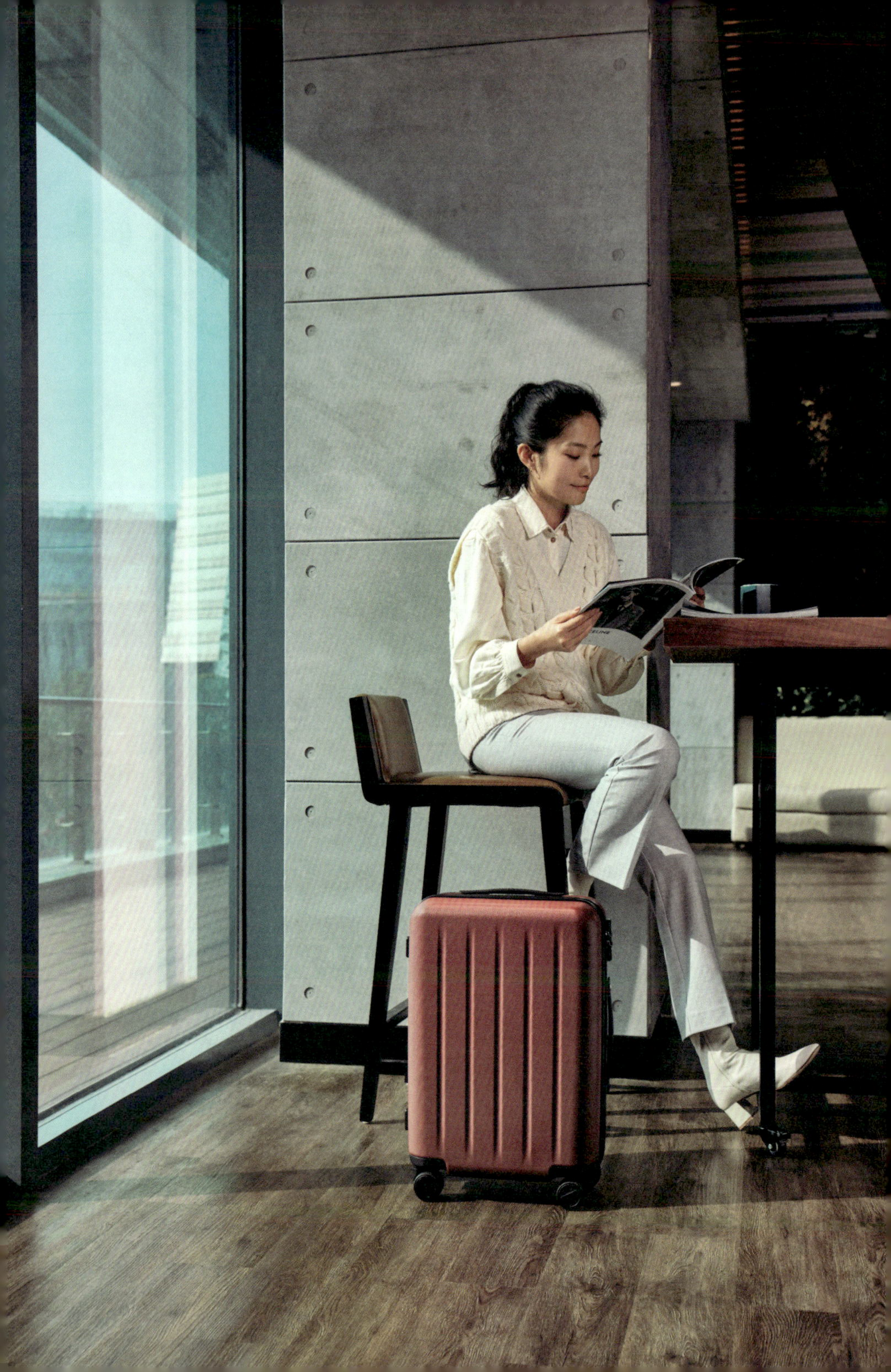

力于用全球最前沿的技术和材料改变传统的箱包行业，让消费者享受更优质的出行方式。"

Euromonitor（欧睿信息咨询公司）数据预测，我国 2018～2023 年箱包专卖市场规模复合增速约为 9.07%，箱包市场增长稳健；另一方面随着大众对生活品质的追求和休闲消费的不断提升，旅游出行领域消费快速增长。凭借着全球领先的工艺、出色的消费者洞察及年轻的互联网营销手段，润米科技的 90 分旅行箱，自 2015 年创立以来迅速引爆，2018 年的销量已经超过百年品牌新秀丽，成为国货箱包品牌中当之无愧的"一哥"。资料显示，润米 2019 年收入为 10.48 亿元，2016～2019 年复合增长率 72%，在传统的箱包制造企业中可谓是一骑绝尘。

## 越是原始的，越有生命力

理工科出身的范劲松毕业后就进入了国内顶级的 IT 公司联想工作，但是随后却转战传统的箱包行业，2009 年创立了开润股份，进行箱包代工。对于范劲松的转型，很多人并不理解，范劲松却自有其道理。他一直在强调：越是原始的，越有生命力。

"我们可以看到，地球上单细胞生物生存的时间最久。40 亿年前，单细胞生物在地球上占的比例也是最高的。为什么？因为它的结构简单。对于像箱包产业这种传统行业来说，消费需求一直都会存在，只是在不同的情况下如何重新发明、重新定义这个产品。"范劲松说，"我们可以看到现在从事纺织业、箱包业的多是生于20世纪三四十年代的人，他们的方法已经非常传统了，无论是自动化、精益化、智能化、数字化，还是全球化布局，对他们来说，都是极大的挑战，而这正是我们可以发挥的地方。"

与此同时，范劲松表示，随着国内年轻消费者的崛起，他们对于国货的理解，对于品质生活的追求，对于国货品牌来说是一个非常好的历史机遇。"国内的年轻一代对于国货品牌有很大的自信，加上4亿~6亿的新中产阶级，整个市场的消费需求很大。"

传统的箱包制造商往往将其视为商旅收纳消费品，相较于新秀丽、日默瓦等国际名牌，大多数箱包制造商往往只能走300元以下的低端路线。而90分却是先在材料、设计、品牌体验上赶超国际品牌的水准，然后凭借夯实的供应链提供更有市场竞争力的价格，消费者以更优惠的价格买到更时尚好用的产品，这是90分快速发展的关键。与此同时，90分不断与时俱进，融入最新科技元素，打造高品质、高颜值、强科技属性的出行方式品牌。

"对于年轻的消费者而言，审美和功能一样重要。我们会跟设计师一起，将90分金属登机箱的纹路提取出来，做产品的系列化、设计语言的变形，前后经历了四次修改之后，终于做出符合产品设想的样子。与此同时，基于既往强大的代工经验，我们一直在按照优等品三倍以上的要求做产品，无论是哪档价位的旅行箱都

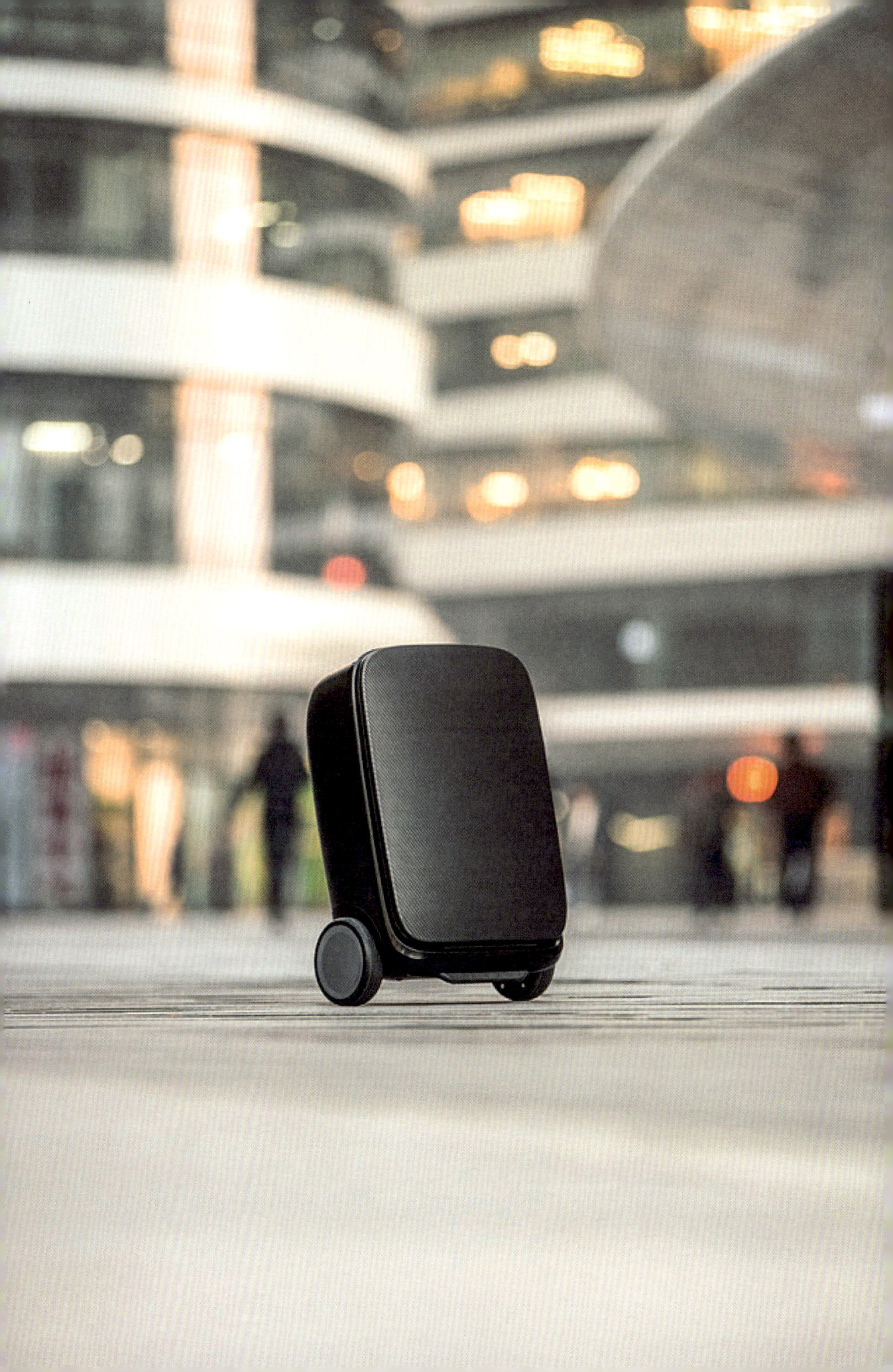

以超高性价比给足了用户安全感。"范劲松表示，快速变化的互联网对给传统行业的改造有着很大的助力，例如 90 分会在原有的商品分析上，分析天猫全网数据，确定旅行箱的主流颜色以及哪一种表面纹路最受好评用来指导实际的生产。

"未来，传统行业对于产品、工艺、技术创新的要求会越来越高；信息化、数字化、智能化也会越来越普及，传统行业一定会被重新定义，资源也会向头部企业集中，但是它一定是一个长期的发展，需求永远都存在。"

## 供应链整合，用微创新解决用户痛点

如果说与国际大牌相比的高质低价仅仅是 90 分的"破冰之旅"，整合全球供应链，从品质出发而做出的微创新则是 90 分得以一鸣惊人的"撒手锏"。凭着理工科人严谨的逻辑，90 分可以将传统的铝合金旅行箱拆成 100 多个零件，从材料、箱体、内衬、拉杆、箱锁、轮子，逐个拆解研究。在全球寻找合作伙伴，把最创新的材料、领先的工艺带到国内，打造行业标杆。

例如在铝合金旅行箱领域，自 Rimowa（日默瓦）十多年前开始采用铝材标号 5182（Rimowa 从飞机上剪下来的铝材的优化版），之后一直都没有革新。而 90 分则联系了全球最大的铝材供应商美国铝业定制了一款铝材，提升产品品质。现在，除了 Rimowa 之外的品牌如新秀丽、哈德曼、Tumi 已经将自身制作材料更换成了 90 分定制的材料。90 分对于全球产业链的整合，从某种意义上来说推进了行业的共同进步。

而在 PC 材料领域，90 分则找来了科思创（原德国拜耳——全球最大的 PC 原材料提供厂，在最近两年更名为科思创，独立做业务）决定直供原材料制作箱壳。同时箱面设有防刮花纹路的设计，不仅摸上去有细腻的触感，更重要的是能轻松应对各种小摩擦——甚至如果是遭受"暴力摩擦"也不用担心，不仅箱体强度过硬，并且在低饱和度的配色下，即使留下痕迹也很难察觉。

此外，90 分还在细节上进行微创新，满足消费者对于品质的

体验。90分的箱轮使用的是跟小米手环塑胶圈一样的硅胶原材料做的轮子。把轮子的轮盖变得非常非常小，既便利制造商在生产时简单方便，又方便消费者不用为了保证轮子不掉花费很多的精力。轮轴间距比旅行箱1A增加12.5mm，高精密、大轴距使箱体站立时底盘更稳定，行走更流畅。相比同等20英寸规格的旅行箱1A整体容积增加近5%，为旅途物品增添更多空间。

通过整合全球供应链，90分形成了自己的"全球化流水线"，在所有的选材和工艺包括制作都有自己的对标产品。例如科思创的PC材料作为箱壳的原材料，励骏加工旅行箱的轮子，景瑜做箱锁，翔晟负责拉杆，他们通过找到行业里最出色的工厂作为自己制造商的方式在满足消费者对更好生活方式追求的同时，也提供了"消费得起"的品质产品。

范劲松在创立之初，就立下"百年目标"——要成为让消费者尊敬的世界品牌。90分母公司开润股份近来收购了优衣库核心供应商上海嘉乐39.6%股权，在此之前开润股份已经通过收购印尼工厂进入耐克的供应链体系；成为头部企业的供应商不仅有利于帮助90分树立全球化的视野，也会成为90分未来在海外市场拓展的巨大助力。

现在，90分的出行产品已经远销印度、俄罗斯、阿联酋、新加坡、西班牙、新西兰等48个国家和地区。罗振宇在2017年的跨年演讲中，曾引用了范劲松的一句话："我只需要做最好的自己，同时保持开放。"对于范劲松而言，整合全球供应链仅仅是在90分品牌上小试牛刀，他已经准备好了用"新国货"的实践去赋能全球的箱包行业。

> **品牌小贴士**
>
> 　　未来，传统行业对于产品、工艺、技术创新的要求会越来越高；信息化、数字化、智能化也会越来越普及。对于像箱包产业这种传统行业来说，消费需求一直都会存在，90分所做的就是重新发明、重新定义这个产品，今天的箱子有自动跟随、指纹解锁功能，未来可以有人脸识别功能。用全球最前沿的技术和材料改变传统的箱包行业，让消费者享受更优质的出行方式，这是90分一直以来致力于达成的目标。

## 品罗科技：用极致产品力，在"红海"中突出重围

品罗的创始人黄铭杰更希望别人称呼他为"产品经理"而不是"创始人"，连在知乎中的署名也是"品罗科技产品经理"，作为一个连续创业者，黄铭杰一手创立的品罗科技是苹果的配件供应商之一，以新颖的设计多次成为深圳华强北的"模仿标杆"，令黄铭杰头痛不已。在经历了几次尝试后，黄铭杰选择了小家电赛道。

"我们希望做一款能够深度创新的产品，尽管这个赛道在很多人看来已经非常拥挤，是一片"红海"。首先我们可以看到小家电与传统的白电（空调、冰箱、洗衣机等）和黑电（电视、音响等）不一样，它的产品非常多样，消费的场景非常多，与消费者的交互性也很强，这就意味着对于小家电市场来说，深度创新

的机会非常多。从我们过往的经历来说，作为苹果的供应商，后来又和小米合作，我们对于产品的理解，对于消费者体验的理解，与传统的家电厂商是完全不同的，我们相信可以给市场带来不一样的东西。"黄铭杰表示。品罗科技与小米合作，以保温杯出道，凭借一款高颜值的199元小怪兽料理机，成功"出圈"，非常短的时间内做到了销售破亿。

与很多的国货品牌注重线下品牌的营造不同，黄铭杰认为品罗目前仍然处于起步阶段，需要通过产品撬动市场的认知。"小家电市场是一个典型的长尾市场，对于我们来说，首先需要通过极致的产品，确立自己在某个细分领域的优势，然后再延展产品线，当我们的规模做到5～6个亿的时候，再去考虑像传统厂商那样进行品牌推广的投入。"

## 抓住消费场景变化的趋势

对黄铭杰而言，尽管传统的小家电市场被几大巨头垄断，但是小家电线上消费化的趋势和年轻消费者对于小家电产品的认可，让他发现了品罗的机会点。"很多小家电的购买都是通过线上渠道，这让新的产品有更多的空间可以与消费者互动；年轻消费者对于颜值、养生、健康等新需求的增长也让我们得以摆脱传统家电厂商的模式，以消费者体验为中心设计更多创新的产品。"

相比较黑电、白电等传统大家电品牌,小家电体积小,客单价低,功能品类多样,因而具备一定的快消品属性。产业信息网的数据则显示,目前我国每百户家庭,城市小家电的保有量是10件,乡镇的保有量是5件,而美国、日本的保有量则为22件,差距明显。全国家用电器工业信息中心的数据显示,2019年全国家电行业整体规模8032亿元,小家电却在其中贡献了超过4000亿元,连续6年保持10%以上的增速。

小家电市场多年来被传统"美苏九"所垄断,奥维云网的统计显示,在线下市场,即使是2020年,传统三大品牌仍然占据了90%的份额。而在线上市场,由于小家电的消费属性和直播等线上电商的爆发，新兴的小家电品牌却获得了爆发性的增长，2020年第一季度，除了三大品牌以外的其他品牌占到了线上销售额的32%，2020年上半年小家电线上渠道零售量同比增长25.4%。

而让品罗"出圈"的小怪兽料理机也是通过互联网成功"出圈"。早在2020年4月，小怪兽料理机在有品的小米众筹上现身，销量一举突破了2万台，此后也连续几个月在商城中保持着万台以上的销量，并且在天猫、京东等平台上销量领先。

黄铭杰表示依托于小米生态链，可以让品罗在第一时间收集客户的需求，品罗有一个共建的消费者数据库，每个消费者都是产品经理，品罗的产品研发和设计人员会研究消费者的消费习惯，与消费者们共同打磨产品。

"从传统的产品设计到小家电的产品设计，我们在小米身上学到了很多，比如如何通过互联网共建消费数据库，以及小米整个家居智能化方面都给了我们很多启发。"黄铭杰表示，"通过综合分析消费者的数据，你会看到很多行业新的趋势。"

黄铭杰表示，年轻消费者很多是一人租房，没有多余时间和空间做大餐，对于智能化简单化小家电的需求越来越广泛，小家电的消费场景正在越来越多的"居室化"，他们可能在客厅里做个快手三明治，或是一杯果昔。这就对小家电在功能、造型、颜值、可收纳方面提出了更多的要求。很多年轻消费者"活在小红书里"，让小家电的颜值也成了重要的购买考量指标之一。

"年轻消费者对于小家电的功能要求越来越细化，颜值的要求也越来越高，对于产品设计者来说就是要确定通过产品设计的优化，让消费者体验进一步提升。而越来越多年轻人加入到朋克养生的队伍里，也需要我们深入的研究如何通过智能化的小家电更方便做出美味的食品。看起来是一个很小的改良，对于年轻消费者来说，却是他们的痛点。"

品罗科技最新上市的三明治机，烤盘的圆弧形曲面设计，不仅方便烤盘合拢让吐司边缘封边，从而让内部的食材不会发生溢出，大容量的设计让烹饪煎饺、炒饭等食物也十分方便，三分钟就可以解决早餐。

## 用极致产品突出重围

黄铭杰说品罗的第一个产品其实是小米保温杯。那时候实际上是受到了吴晓波老师关于中国消费者都去日本购买马桶圈、保温杯的文章启发。"我当时就想，我们之前有过类似的设计经验，为什么不能通过自己的研发做出体验相似的保温杯呢？"通过研究日本传统保温杯品牌"虎牌""膳魔师"和"象印"的技术路线，结合小米生态链自身的特点。由小米和品罗研发的米家保温杯就做到了重量轻，镜面内胆，进口316L不锈钢，0.08mm内胆，一线产品的保温效果，最后高颜值再卖99的价格，一上市就成为爆品，单品销量超过了 300 万只。

"这一个保温杯，我们花了 20 个月的研发时间，这在保温杯这个行业中是非常少见的。几个月就算是一个超长周期了。在整个过程中，从产品定义、技术研发、品控、供应链管理等方面，我们的团队都经历了磨合和成长，这对我们来说是非常宝贵的经验，对于温度控制方面的技术掌握，为我们后续的产品设计和开发提供了宝贵的资料。今年我们就将推出更多基于温度控制技术方面的产品。"

黄铭杰说产品的打磨是一个漫长的过程，产品定义，消费场景，

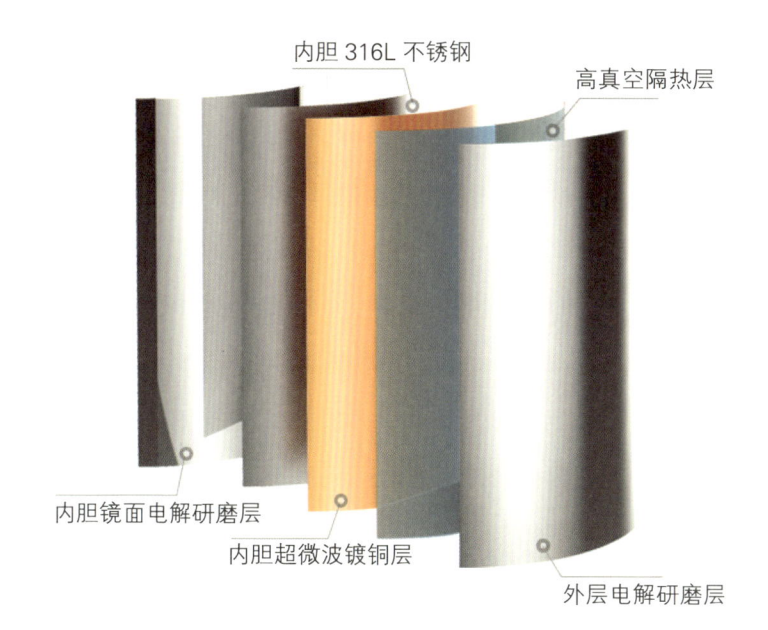

很多都需要在过程中以及消费者的反馈中进行摸索，尤其是中国市场消费者习惯与其他市场并不相同。这是需要他们进行创新和突破的地方，也是极致产品力的体现。从苹果带来的产品交互设计思路和对于产品精益求精的精神，让他和研发团队乐在其中。

"你会发现中国人对于温度的理解和日本人并不一样，围绕着不同的温度可能会产生不同的消费场景，从而产生不同的产品。例如你爬雪山，可能希望到山顶了能够喝到一口热水；如果你仅是在办公室使用，可能会更注重它的颜值。那么这两个场景所对应的产品就是不一样的。"黄铭杰表示。

在品罗的爆品小怪兽料理机的研发过程中也是贯彻了这个思维，传统的欧美料理机主要的使用场景在厨房，因此功率高、体积大、价格高，中国消费者往往是在客厅，房屋居住面积较小，市场上普遍的料理机，功率小、体系小、价格低，因此功能也有所限制。小怪兽则采用参考潜艇螺旋桨原理的 6 片旋转刀头、500W 高功率、转速最高可达每分钟 30000 转的高能电机、浓缩在高颜值的体积内，售价也仅有 199 元，赢得消费者的好评。

在黄铭杰看来，未来的小家电产品需要同时具备四大因素：人工智能、科技感、美学调性和多功能。目前公司正在研发的智能料理机，可以根据消费者个人身体状况推荐合适的料理食谱或者蔬果汁；而公司的保温杯产品也将加入智能测温、具备记录和提醒功能。

"智能厨电将是未来发展的重要方向之一，品罗希望能够做定义未来属性的产品。"黄铭杰表示，"依托于米家生态链的 AIOT 平台和智能装备，完整的生态链以及品罗自身强大研发能力，我们正在尝试将智能化更多地应用于小家电领域，让消费者可以有更健康的生活方式。"

黄铭杰曾在英国留学多年，他现在依然记得留学初期大包小包的从英国带各种东西回中国。"现在则是完全变了，我很多国外的朋友开始从中国带很多东西回去了，我们的产品在亚马逊之类的国外网站上评价很高。不断变化的中国消费者和激烈的竞争，促进着整个中国制造业的提升，让我们在很多方面已经摆脱了模仿者的角色，重新定义了产品。"

**品牌小贴士**

尽管传统的小家电市场被几大巨头垄断，但是小家电线上消费化的趋势和年轻消费者对于小家电产品的认可，是品罗成功的机会点。很多小家电的购买都是通过线上，这让新的产品有更多的空间可以与消费者互动；年轻消费者对于颜值、养生、健康等新需求的增长也让品罗得以摆脱传统家电厂商的模式，以消费者体验为中心设计更多创新的产品。

## 启尔酒具：用航空人的精益求精改变行业

如果不是为了家庭，为了一份强烈的责任感，为了心中坚守的诚信，凭着从小爱钻研、不言弃的韧劲，也许她会出现在东风 17 导弹的研究人员名单上，而不是在 37 岁的年纪，在为人妻、为人母的人生阶段，毅然决然走上一条持续 20 多年的创业道路，成为"当代世界葡萄酒酒具的领路人"。

对此评价，如今已近知天命之年的 Cheer 启尔酒具创始人郑韶只是笑了笑："做酒具和做导弹其实是一样的，都要精确到分毫，需要技术的持续提升。为什么电动开瓶器行业平均的寿命只有 300 瓶，启尔却可以达到 1000 瓶，是因为在关键部分我们精度是行业平均精度的 10 倍到 20 倍。"

作为改革开放后的第一届大学生,郑韶以优异的成绩考上了南京航空航天大学,毕业后被分配到湖南株洲原航空工业部331厂设计所,从事空对空导弹设计工作。之后为了家庭,郑韶放弃了体制内稳定的工作,和丈夫一起南下珠海。但是由于缺乏经验,丈夫与合伙人投资的第一个出口加工小工厂,经营并不理想,到了难以为继的地步。在丈夫与其合伙人犹豫是否要继续坚持的时候,郑韶身上那股航天人的执着与不懈,让她决定接手这个工厂,就此开始了个人的创业生涯。

在这20多年里,从出口代工到自创品牌,郑韶带领她的团队,用持续的专注和航天人独有的精益求精,将电动开瓶器和酒具配件这个小众领域做到了极致,成了中国红酒酒具行业市场占有率第一,产品设计在海内外屡获大奖,拥有超过100个国家专利,累计研发数百款创新红酒酒具,畅销多个国家。不仅让"中国制造"的红酒酒具出现在世界的各个角落,也改变了中国的红酒酒具行业,进而转变了中国消费者对于葡萄酒的看法,完善了中国的葡萄酒文化。

## 打磨特色产品,占领主流市场

电动葡萄酒开瓶器起源于美国,美国是世界第四大葡萄酒生产国,也是全球最大的葡萄酒市场之一。但是由于开瓶烦琐,瓶

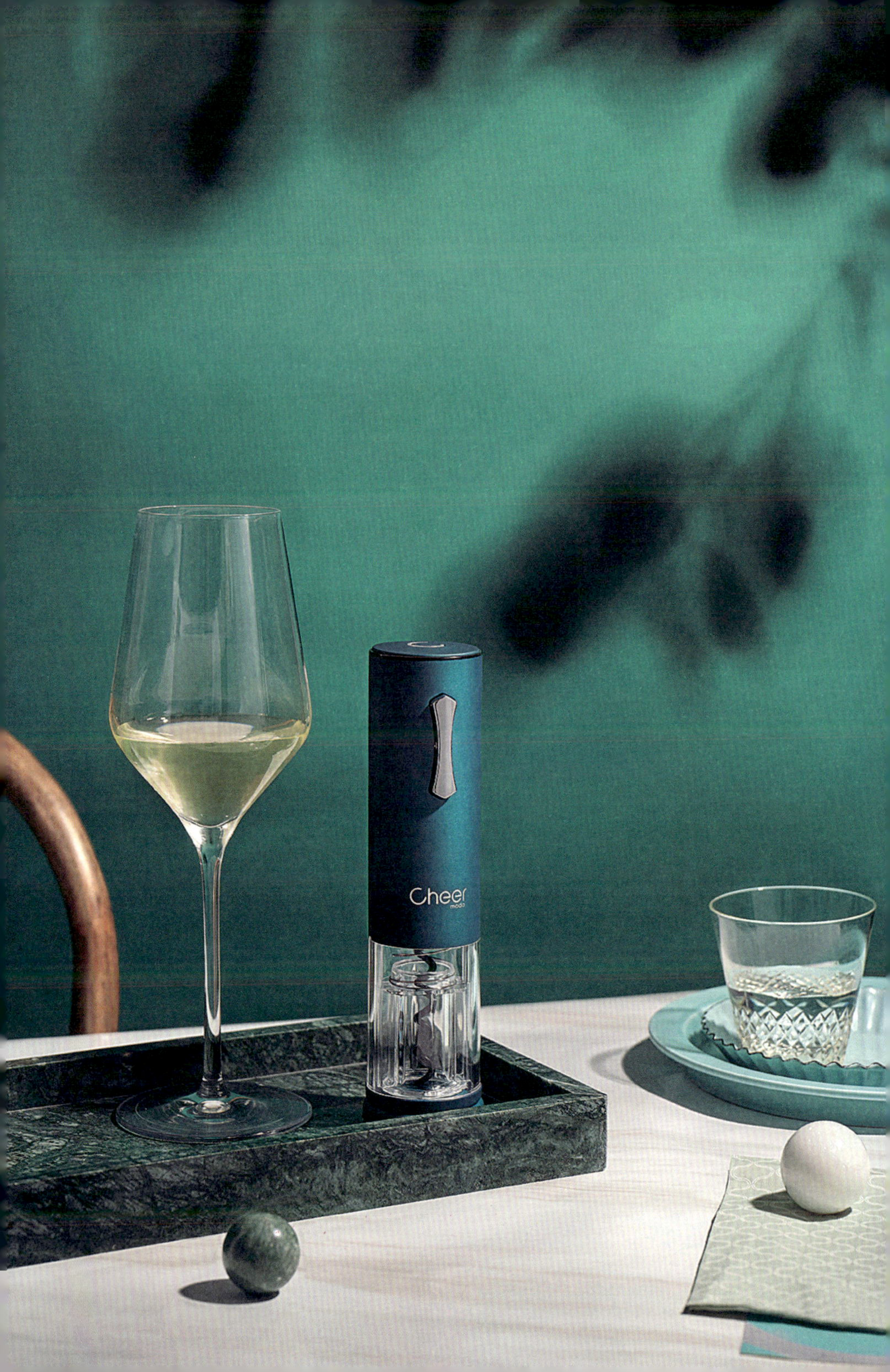
Cheer
moda

装葡萄酒的消费量在 1986 年以后一直增长比较缓慢，自 2003 年电动葡萄酒开瓶器发明以后，销量以每年 30% ~ 50% 的增速稳定增长，葡萄酒的消费场景持续扩大，消费量又比 1986 年的峰值有了 50% 的增长。

然而在诞生之初，电动开瓶器这个产品并不成熟，也无法量产。而这恰恰正是郑韶等待已久的机会。在 2004 年产品诞生之初，郑韶就通过一个客户看到了这个很有新意的产品，并决定以此为突破口进行产品的革新和量产。

"我当时看好这个产品和市场，而最重要的一点是原来产品很不成熟，问题很多，不好用也不能量产，这给予我们很大发展机会。"秉承了老一辈航空人的"精益求精、永不言弃、殚精竭虑、追求卓越"的精神，郑韶和他的创业团队经常去参加展会，看展，从跨行业的产品中学习，她做了很多结构设计、应用部件的创新，大大提高了产品的精度和设计工艺。

然而由于没有申请专利，不久之后，市场上就出现了各种仿制品。对此，郑韶却并不以为意，而是与广东省标准所一起，制定了葡萄酒酒具行业国内第一份省级产品标准。"对我们来说，还是需要先把行业发展起来，只有让更多的人参与共同发展，市场才能做大。尤其是国内市场，葡萄酒文化发展的相对较晚，更需要大家携手做大这个市场。"2008 年，由郑韶团队开发的一款电动开瓶器被美国消费者杂志评为"2008 年最好用的 100 个产品之一"，企业的销售额也从 2005 年的 1500 万，到 2020 年突破 3 亿元。

## 开创自有品牌，引领葡萄酒品酒文化革新

在金庸先生的《笑傲江湖》中，落魄书生祖千秋曾对令狐冲说："你对酒具如此马虎，于饮酒之道，显是未明其中三昧。饮酒须得讲究酒具，喝什么酒，便用什么酒杯。"中国的白酒饮酒文化源远流长，酒具也成了酒文化中重要的一环。

实际上，葡萄酒由于在储藏、醒酒等各方面的要求，对于酒具的要求更为严格。一个合适的酒具，可以最大程度释放酒的香气风味。但是由于之前红酒多被认为是中高收入阶层的专属，醒酒器、开瓶器、温度计等西方常用的酒具多出现在葡萄酒专业培训课上，大众的了解比较少。随着国内红酒消费的快速增长，郑韶觉得应当将自己积累了多年的酒具专利技术和产品带给国内的消费者，革新国内的葡萄酒消费认知，整体提升红酒文化氛围。

网易的调研显示，88.6% 的 85 后常喝葡萄酒，84.2% 的 90 后常喝葡萄酒，84.5% 的 95 后常喝葡萄酒。年轻群体正在逐渐成为葡萄酒的主力消费群体。郑韶认为传统的葡萄酒认知对于普通的葡萄酒爱好者而言，设置了太多的障碍，常常给人一种要经过长年培训和专业学习才能真的喝懂葡萄酒的感觉。现在的年轻人更注

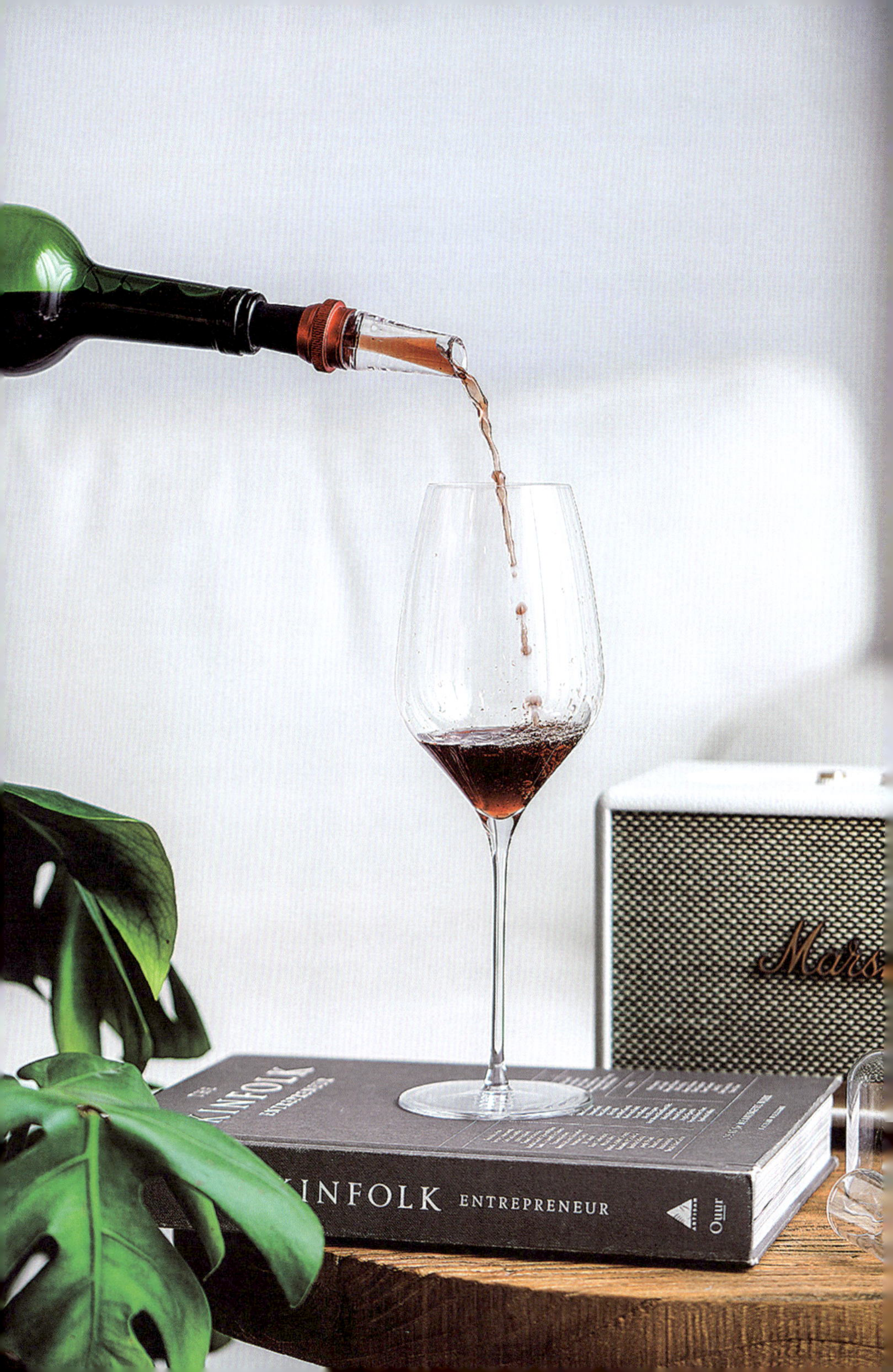
ENTREPRENEUR

重生活的品质,和享受美好瞬间,通过更简单、更有设计感的酒具,能够让他们提升生活品质和更好的接受葡萄酒文化。

为此,2011 年郑韶又一次从零开始,创立了自己的葡萄酒酒具品牌——Cheer 启尔酒具。

为了能让消费者更加直观的了解葡萄酒的品酒文化,启尔提出了 Perfect 7 完美七迹品酒理念,涵盖了酒温监控、开瓶、倒酒、醒酒、品酒、真空保鲜和恒温藏酒这 7 个步骤,并且在每一环都精心设计了对应的产品,提供一站式酒具供应,让每一位爱酒人士都能快速了解和掌握品酒的基本要求,从而轻松享受葡萄酒的乐趣。

例如在酒温监控方面,传统的方式是使用冰桶加冰块的方式,将酒瓶进入冰块和冰水中,让酒降温和保持在适饮温度区间,既破坏了酒标,也容易在倒酒时导致水滴在餐桌弄得一片狼藉。启尔酒具的解决方案是推出双层不锈钢保冷冰桶,将冰箱冷藏过的葡萄酒放入冰桶,无需加冰加水,就能持续保持酒温。此外,启尔还推出不锈钢冰块,采用安全的 304 不锈钢包裹食用乙醇以及纯净水,能获得相似的冰酒效率,但不像传统冰块会融化而导致酒液稀释影响口感,并且简单清洗即可重复利用。而为了让消费者更直观地辨别葡萄酒当前温度是否在适饮区间,启尔又开发了简便易用的测温表和测温笔。仅仅酒温监控这一个环节,启尔就做了多层面多方式的探索,让消费者能更轻松却又更专业地品酒。

对大多数消费者而言，开瓶无疑是阻碍大家享受葡萄酒的最大障碍。传统的开酒工具，要么是要求有比较专业的技巧，要么就是十分费力并还很容易把酒塞开断或产生木屑渣子掉入瓶中，大大影响品酒体验。启尔团队将畅销国外多年的电动开瓶器，进行了改良和优化，推向国内市场，立刻受到市场广泛认可，成了启尔酒具畅销多年的核心产品之一。启尔进一步升级产品体验，又推出了全自动开瓶器，无须进行按压按键的操作，更加便利，即使是儿童、女生、老人或毫无开瓶经验的人都可以轻松在几秒内把葡萄酒打开，过程清晰可见，不费力，更好掌握。

葡萄酒的世界有时让人觉得烦琐而晦涩，好比醒酒这一环节，通常需要用到专门的玻璃醒酒器，经过漫长的等待方能喝到一款酒应有的风味。而对于没有那么多等待时间的场合（如商务宴请），往往未等酒醒，就匆匆把酒喝掉了。为适应生活的快节奏和普通消费者的品酒习惯，启尔运用伯努利原理，开发了快速醒酒器，倒酒同时直接醒酒，相当于节省 15～20 分钟的等待时间，让人们告别等待，也能喝到细腻的红酒风味。

在饮用完葡萄酒后，如果瓶中还有酒没有喝完，可以使用启尔真空红酒保鲜塞进行真空保鲜。将保鲜塞套入瓶口，按压数次即可将瓶内空气抽出，实现长达 7 天的风味保鲜。启尔真空保鲜塞全部都设计了日期刻度，方便记录保存时间，避免过期未喝完导致浪费，充分体现了启尔对使用体验的细节关注。

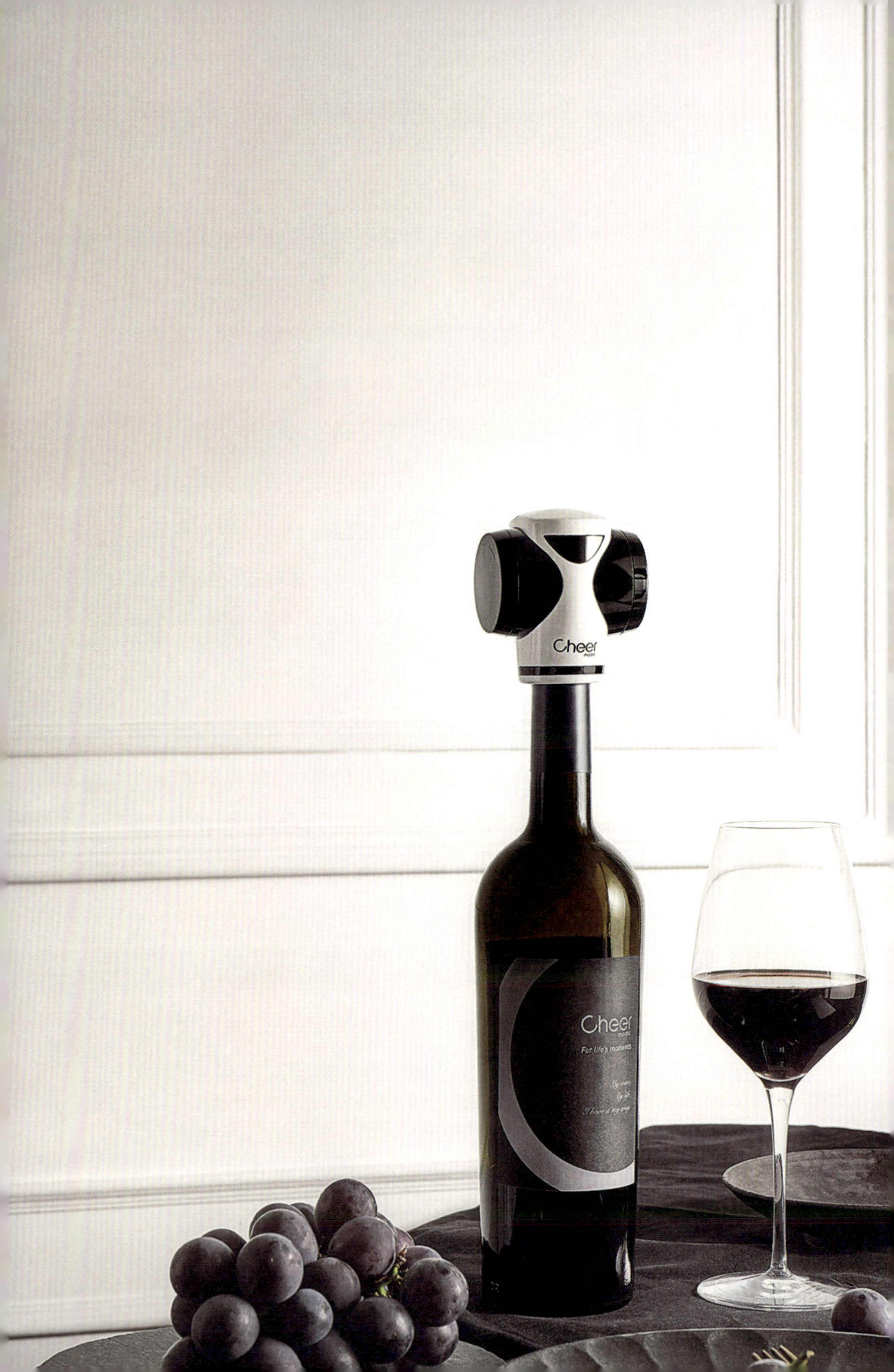
Cheer
Cheer
For life's moments

除了这些产品，启尔也开发了主要供资深品酒人士使用的水晶醒酒器，适合家庭使用、能砸核桃的水晶红酒杯、恒温藏酒柜等，并将开瓶、倒酒、醒酒和存酒 4 大核心功能产品进行组合，形成礼盒套装，一次解决日常的基本品酒需求，成了众多品酒需求人群的送礼选择，也借此将此类新式酒具和创新品酒体验带入了更多国人家庭中。

启尔一直都在尝试突破传统规则，期望持续为消费者带来新的、更轻松的品酒体验。因此在产品设计上引入法国设计团队，设计风格上摒弃笨重的外形、烦琐的设计和工业风，更贴近年轻消费者的审美。前一段时间被时尚博主力推的启尔 1795CX 电动开瓶器，被称为"小女生也能轻松掌握的红酒开瓶神器"，在大大缩小了传统电动开瓶器尺寸规格的同时，还配备了 USB 锂电池充电功能。其简约的外观设计加上文艺多彩的配色，受到了年轻消费者的推崇。

在营销方面，启尔也注重贴近年轻人的生活方式，通过线上内容互动、线下生活方式展示，注重体验式消费，吸引年轻的消费者。2018 年，启尔酒具实现双十一全网销售增长 200% 以上，2019 年，在京东 6.18 登顶酒杯酒具类目销售额排行榜，在天猫平台上，其核心产品也都稳居类目销售前列，得到广大消费者的认可。

由于 2020 年的疫情，居家时间增加，让欧美的葡萄酒销量大涨，带动了整个酒具市场。而中国的葡萄酒市场却仍然不温不火。

葡萄酒产业人士表示这是由于中国的葡萄酒文化仍然局限于酒桌场景而非家庭场景。尽管葡萄酒消费没有明显提振，却难挡国内酒具市场的逆势增长。在郑韶和启尔团队看来，喝酒是一个很感性的事情，也应该是一件让人放松和享受的事情。疫情的到来，没有让更多的国人开始饮用葡萄酒，却让他们开始更关注品酒体验，推动了以启尔电动开瓶器为代表的新式酒具市场逆势上扬。

通过设计和开发专业易用的精品酒具，让品味葡萄酒不再被开瓶、醒酒、存酒这些普通消费者并不擅长的过程所干扰，用技术创新简化品酒流程，让享受葡萄酒变得更轻松和纯粹，从而让人们能更好地享受眼前的美酒和当下的美好瞬间。

**品牌小贴士**

传统的葡萄酒认知为普通消费者设置了太多的障碍，常常给人一种要经过长年培训和专业学习才能喝懂葡萄酒的感觉。启尔抓住这个痛点，通过更简单、更有设计感的酒具，培养年轻消费者更好地接受葡萄酒文化。启尔的成功关键在于一直都在尝试突破传统规则，在产品设计上摒弃笨重的外形、烦琐的设计和工业风，更贴近年轻消费者的审美；在营销方面期望注重体验式消费，通过线上内容互动、线下生活方式展示，持续为消费者带来新的、更轻松的品酒体验。

产品创新。万殊堂的"鲜酿茶"口味没有那么玄虚，就是特别讲究一个"甜润"的口感，让茶不苦不涩，对冲泡技术要求不高，开水常规冲泡就能有平均线以上的口感。考虑到现代人的睡眠障碍问题，万殊堂还有"无因"茶，去掉了咖啡因，另有安神助眠的作用。因为拥有技术，也有很多茶品牌想找万殊堂做OEM（Original Equipment Manufacturer，原始设备制造商），但是叶襄拒绝了。首先是不想成为代工厂；其次，作为代工厂，实际上很难掌控产品。她也不想出现一堆技术近似，但品质参差的产品。

叶襄对于产品品质很坚持："我们得尊重每一个喝我们茶的消费者，你不能认为他不会喝茶，就可以把什么茶都装进去。"她坚持认为茶本身不好，会很难走远。

## 茶品牌的壁垒在产品创新而不是包装

茶行业其实并不是一个门槛很高的行业，很多设计师做个好看的包装，都可以去卖茶，逐步可以做一个小而美的品牌出来。这是设计加持农产品的路线。但是，在叶襄看来，茶行业发展到今天，已经不再仅仅是一个外观设计的问题。最重要的是需要有技术上的突破，以及为解决当代人喝茶痛点而进行的产品创新。包装设计的可替代性太强，几乎是没有壁垒的，但茶产品领域的技术创新并不是很多人愿意或者能够花时间、精力去做的。

第二章　新技术：不是引导需求，而是创造需求

## 茶叶只能用来做奶茶原料？

万殊堂的创始人叶襄始终对于茶的年轻化市场抱有坚定的信心。年轻人不是不喝茶，而是觉得茶的口味不好，喝奶茶的一代人会觉得原叶茶是"苦的、涩的、喝了睡不着觉的"。而且茶的饮用门槛太高，茶壶、公道杯、茶杯，讲究的喝茶要搭配一堆的"道具"，挺麻烦的。而且茶的口感和功能总是被说得云山雾罩，大家都不会觉得茶是一个"标准完善的工业品"，拥有太多诠释空间的产品，价格水分大，总是让人觉得不可信，难以下手。叶襄作为业内人，也会感慨：有些茶的定价太离谱了。

以上是茶行业一直以来的痛点，于是，让消费者放心喝好茶，几乎成了所有茶叶品牌初创时的"发愿"。但喊了很多年，茶叶的消费场景依然主要是在商务送礼，消费者主要是35岁以上的中年人，在茶叶品牌想要争取的年轻消费者眼中，茶依旧是一种原料：是用来做奶茶的。

所以，万殊堂是从消费者的需求去反推

## 万殊堂：散打起步如何飞跃？

作为千亿市场规模的品类，中国茶长期以来都是有品类无品牌的状况。从农产品到消费品的转型过程中，任何一个茶品牌的异军突起都会引发巨大的关注度，其中有"小罐茶"这样以突出的产品设计和营销策划横空出世，以至于"小罐装"茶叶几乎成了一时的流行。

茶叶领域的创业者，也在期待成为茶品类中的下一个热点。万殊堂是在起步中的新国货，推"鲜酿茶"，创始人的长处和短板都非常明显，它的困惑和探索也十分有代表性。有了产品这个基石，如何长大？在一个圈层越来越明显，传播越来越碎片化的时代，如何去抓住代表未来消费潜力的年轻一代？

所以，叶襄说，万殊堂如果是一盘生意的话，到目前来说，只能算是一顿散打。大部分的精力是花在了产品研发上，渠道、营销、推广、运营都有大量问题需要解决。这大概是她的创始人基因决定的。之前做人类学研究，她走遍了中国大大小小的茶山，"好茶并不是只是那几个山头，还有很多地方大家都不知道。都是资本闹的，产地被炒得太厉害了。"

茶作为农产品，品质受环境影响。特别是发酵茶，比如，普洱熟茶的发酵工艺基本处于"看天吃饭"的状态，一饼优质普洱熟茶的问世是当地微生物菌群生态与发酵时气候完美结合之产物，往往可遇不可求。这就造成普通消费者喝不到好品质的茶，或者能喝到的实际品质远远低于它的价格。叶襄说他们做的产品方向

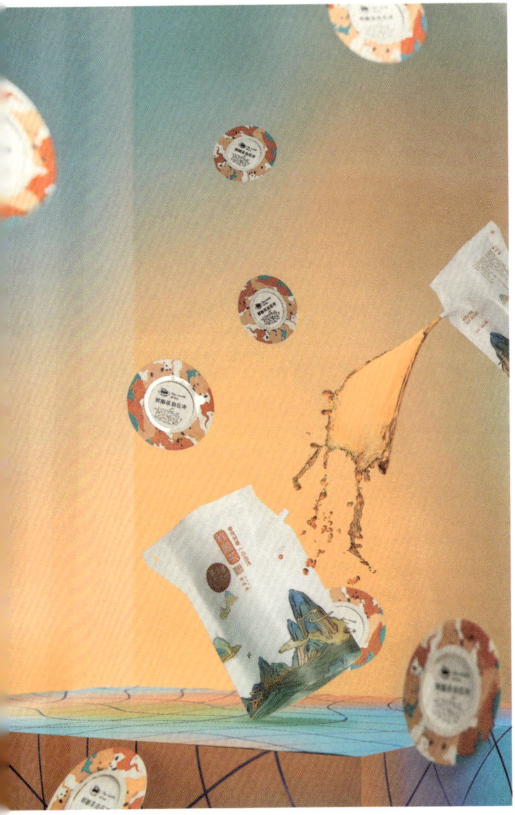

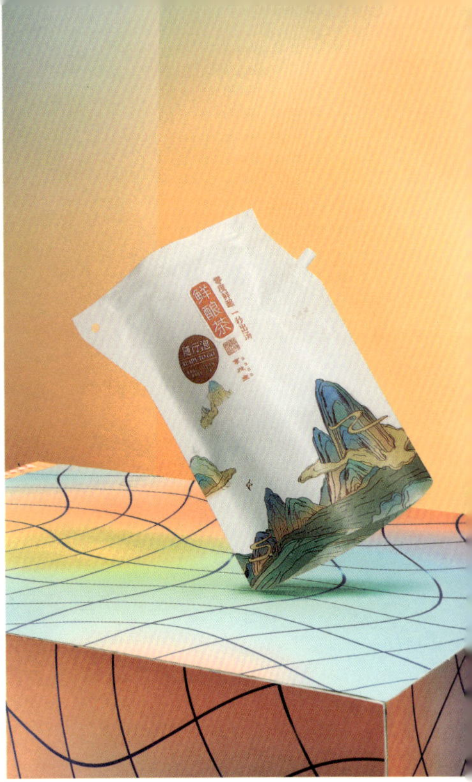

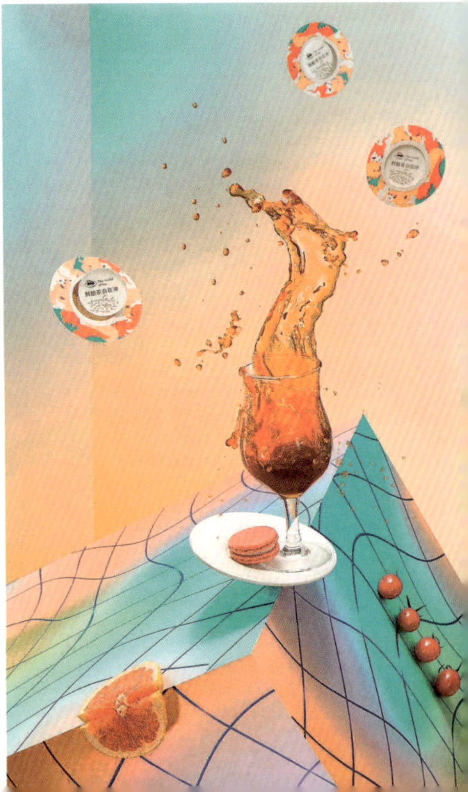

的努力，就是用现代生物科技去稳定发酵，出品口感、品质可控的"鲜酿普洱"。

## 面对机会，细节需要执行，合理的路径需要规划

2020年的年末，叶襄和团队奔波于沪杭两地，工厂和公司都在上海，天猫的代运营公司在杭州，他们得从头开始沟通产品的定位、卖点、视觉。对于一个之前埋头在产品研发上的团队，任何一个合作伙伴从旁给到建议，他们都非常珍惜。做消费品领域的C端，需要学习得跟消费者沟通，作为初创公司，又希望能找到性价比高的转化路径和方式。前进路上，受到的激励都是万殊堂的茶好喝，也会有各种机会找来。在内容电商比较火爆的前几年，好像靠着口碑，也可以活得比较顺当。之前内容电商的复购率高是让叶襄下决心做天猫的原因，"那证明我们产品好啊"。

当然，这一切也意味着更大的不确定性。之前从产品建立的信心也会受到各种打压：团队如何完善？资金如何解决？合适的人才哪里去找？拿出万殊堂的包装大概可以给叶襄列一页纸的意见，她也知道要改，在一个成熟的商业社会，一个产品怎么能没有好包装呢？那是消费者接触品牌的第一印象。万殊堂接下来要去做小红书，希望能有更多的年轻人能了解他们的"鲜酿茶"，在一个颜值即正义的时代，博主是要"出片"效果的，包装得上镜。

当然，要改的还有很多，像任何初创公司一样，好像扑面而来都是机会，但是，抓住这些机会又有太多细节的执行，合理的路径，以及切实可行的规划。

未来尚未到来，但好像镶着金边就在远处，仿佛能够看见。

> **品牌小贴士**
>
> 万殊堂是在起步中的新国货，推"鲜酿茶"，创始人的长处和短板都非常明显，它的困惑和探索也十分有代表性。万殊堂的创始人叶襄始终对于茶的年轻化市场抱有坚定的信心。所以，万殊堂是从消费者的需求去反推产品创新。在叶襄看来，茶行业发展到今天，已经不仅仅是一个外观设计的问题。最重要的是需要有技术上的突破，以及为解决当代人喝茶痛点而进行的产品创新。

## 睡眠博士：深耕睡眠领域，打造品牌矩阵

每个人的一生，有近 1/3 的时间都在睡眠中度过。然而，随着工作、生活压力的增大，这项生物的本能正在成为一个日趋重要的健康问题，从而产生了"睡眠经济"。市场分析网站 Market Screener 统计显示，2019 年全球睡眠经济的规模达到了 4320 亿美元，而到了 2024 年全球睡眠产业的规模将达到 5850 亿美元。

而在中国，睡眠问题也受到了越来越多学界和商界的注意，《2019 国民健康洞察报告》指出，约 80% 的被调查者收到睡眠问题的困扰。这个问题在年轻人中尤为严重，84% 的 90 后存在睡眠障碍。

"我们的创始人吴彬最初是一个互联网投资人，但是在再次

创业的时候最终决定做睡眠行业。因为在我们看来，睡眠行业有三个巨大：福报巨大，帮助消费者解决睡眠问题，回归健康的生活；需求巨大，每个人都要睡眠，而且越来越多的人需要好睡眠；潜力巨大，目前中国的睡眠市场已经达到了 4000 亿，从日本和美国的睡眠经济趋势来看，未来市场将会进一步细分，增速还会继续加快。"睡眠博士的 CEO 雷梅娜表示。

## "睡眠经济"的布道者

今天很多人都对枕头的材料和选择如数家珍，但是在 2007 年的时候，大部分中国家庭还在用棉花枕头，消费者们还没有意识到一个枕头能对睡眠产生多大的影响，应该如何去挑选枕头。互

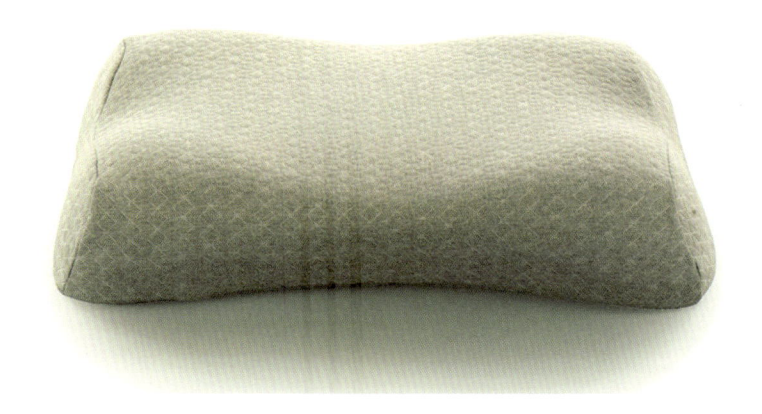

联网投资眼光独到的吴彬，将其对自己对互联网的前瞻理解带入到了寝居的传统行业中。可以说"睡眠博士"是中国最早的"功能性睡眠产品"引入者，也是"睡眠经济"互联网布道者。"睡眠博士"自 2007 年起就将电商渠道作为主力渠道，与淘宝、京东、唯品会等往后的超级巨头建立起了"功能枕"独立品类。

"我们在这方面做了大量的工作，从枕头的种类，工艺，款式都做了相当多的研究和普及工作，在早期教育市场方面花费了大量的精力。"雷梅娜说，"例如天然乳胶和记忆棉都是我们首先引入天猫，并且在互联网上加以普及的。"目前，睡眠博士产品的原料产地遍布全国，乳胶类原料就从泰国、斯里兰卡、越南、马来西亚等原产地专供研发。记忆绵系列产品则源自美国与欧盟行业巨头企业。无论是原料质量还是工艺水平，均在行业中具备领先水平。

"三年前在新三板上市的时候我们是睡眠第一股，这两年，行业的参与者也越来越多，大家一起把这个行业做大，我们也在布局睡眠全产品线，满足消费者的需求。"在雷梅娜看来，现在的睡眠经济绝不等于之前的"家纺行业"，虽然越来越多的家纺巨头加入了睡眠行业的竞争，睡眠博士从来都不把自己的竞争者定位是家纺行业。

"无论对于消费者还是行业来说，都存在一个错觉，睡眠就是好枕头，好床垫，好寝具。但是实际上不仅如此，睡眠是一项科学，睡眠产品的本身也应该有更多智能因素和科研成果的加入，实际上目前国外主流的睡眠产品都开始向智能化转型，包括在美国的消费电子展 CES 也从 2016 年开始单独开辟了一片叫作 Sleep Technology（睡眠科技）的专区。"

在 2018 年的 CES 大展上，睡眠博士内部孵化的项目——Dream light 受到了 BBC、CNN、The verge 等数十家外媒的报道。这款高科技的睡眠产品利用了美国布朗大学一项研究发现，通过内置 LED 面板产生 15 分钟的橙光促进褪黑色素的分泌，配合呼吸灯调整呼吸节律，有助于让人产生困意；可设置苏醒时间，产生绿光自然唤醒。此外还有睡眠监测，音乐助眠等功能，从声音，光线，生理等各方面营造睡眠环境。

实际上，国际巨头们早已经开始了对睡眠产业的布局。2017年，苹果将芬兰睡眠监测厂商 Beddit 收归所有；2018 年 LG U+ 与 Sleepace 享睡合作，推出了不少与助眠相关的产品和服务……还有亚马逊、华为、小米、科大讯飞等企业也在睡眠市场上开疆扩土。从美国市场的情况来看，目前智能睡眠产品均价大约在 300～500 美金，市场发展十分迅速，睡眠场景作为一个重要的消费入口重要性开始凸显。

"我们会进一步加大对于智能产品的投入，这是一个不同于传统家纺的新赛道；同时，我们也在线上线下通过各种内容，睡眠相关的服务，帮助消费者获得一个好睡眠，更深刻地理解睡眠经济。"雷梅娜说。

## 发力年轻人市场，快速应对挑战

2020 年疫情的发生和全民直播的浪潮，给很多品牌带来巨大的影响。雷梅娜一连用了三个"挑战"来形容"睡眠博士"面临的新状况。"首先是随着竞争者的加入和全民的直播导致今年的竞争异常激烈，大家都在卖货赚流量；其次是互联网红利的下降，让枕头这个品类在连续保持了几年的高增长之后，整个平台的销售量增速开始下降；最后就是由于疫情导致的海外原料的价格攀升，比去年同期翻了一倍，这都让我们面临着巨大的困难。"

然而，睡眠博士在雷梅娜的带领下仍然实现了2020年销售业绩和净利润的双增长，并且没有裁掉一个人，公司的每个人都全额发放工资。

雷梅娜把取得这样成绩的原因归结为：总结经验、快速反应、及时调整。"在如此巨大的挑战之下能够取得这样的成绩，充分证明了我们商业模式的灵活性和敏捷性。比如说直播这种形式，之前我们并没有尝试过，但是疫情期间我们敏锐地感觉到了消费者对于直播带货这种新方式的热情，于是我们公司内迅速就成立了直播小组，从店铺直播到明星合作，MCN（多频道网络）合作，我们迅速尝试，并且不断总结经验，在去年进行了近千场直播，带动了线上的销量。"

与此同时，睡眠博士通过精细化运营，促进口碑营销带动线下产品的销量。"对于寝具之类的产品来说，购买频率相对较低，但并不意味着私域流量没有用处。客户的反馈帮助我们进一步完善产品的同时，还能够通过与客户的互动发掘潜在需求。例如很多客户会买枕头送老人，那么如果他的消费体验好，可能还会送亲友，还会买床垫。通过线上知识平台，睡眠博士为客户提供诸如睡眠改善，心理咨询等一系列的睡眠解决方案，而通过小红书、抖音等大众喜闻乐见的媒体平台的内容投放，则营造起品牌'睡眠专家'的形象，通过增加消费者的互动，带动品牌的口碑营销。"

睡眠博士还在 2020 年开启了一个新的针对年轻人的品牌——"白卷"。"白卷是什么,白卷就是一无所有,你可以在上面随意的挥洒自我。白卷这个品牌与之前的'睡眠博士'相比,更注重设计性和美感。"雷梅娜表示,在她看来,与传统的睡眠博士消费者 80 后、70 后注重产地,注重功能不同,90 后消费者们更看重颜值、品质,对国货也更为自信。"白卷"品牌的所有设计都来源于大学生和青年设计师,代表着他们对于美和世界的

看法。

"在我们看来,白卷就是一种重启的力量,一种自我恢复的能力。如果说睡眠博士系列产品是通过功能性来吸引消费者的话,白卷所代表的就是一种潮流,一种对于自我的认可。"雷梅娜说,她认为年轻的消费者将会越来越重视睡眠,也会将自身的审美,世界观带入到对睡眠消费的过程中去。

无论是"睡眠经济的布道者"还是"打造更为年轻化的品牌",雷梅娜认为其实睡眠博士能做的工作还有很多。"对于一个坚持了十余年的睡眠产业老兵,我们欣喜地看到越来越多的消费者开始重视睡眠,新的科技因素在睡眠经济中扮演的角色越来越重要,也看到了整合全球产业链的必要性。在未来,我们希望能够继续提高无论是品牌还是睡眠产业的声量,打造覆盖全年龄段和不同消费习惯的品牌矩阵,并且通过科研的投入,加大对于智能化产品的布局。深耕睡眠领域,不断满足消费者对睡眠产品的期待。"

> **品牌小贴士**
>
> "睡眠博士"是中国最早的"功能性睡眠产品"引入者,也是"睡眠经济"互联网布道者。睡眠博士将创始人对互联网的前瞻理解带入到了寝居的传统行业中,将电商渠道作为主力渠道,在早期教育市场方面花费了大量的精力。在培养出消费者对于睡眠产品的需求之后,进一步通过线上布局和精细化运营,促进口碑营销带动线下产品的销量,从而营造起品牌"睡眠专家"的形象。

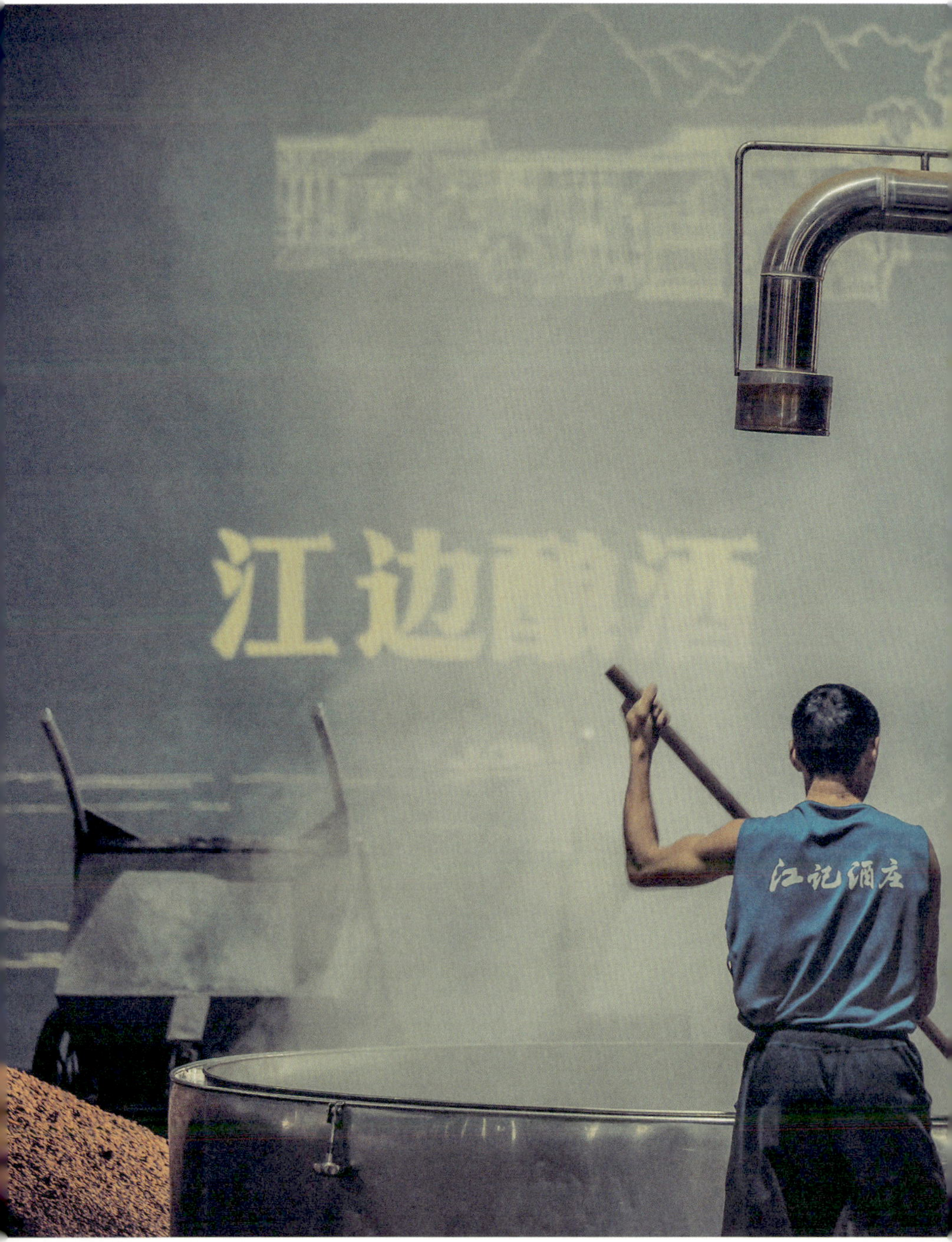
江边
江记酒庄

# 第三章 新连接：倾听用户的声音

新连接体现在用户与生产者关系的变化。工业化时代与用户的连接需求是广而密的，需要把产品尽可能卖给更多的人，所以产生的营销模式是经销体系，一层层的经销体系，品牌方本身无法管理这么多的销售触点，要借助经销体系去连接用户。随着技术的发展，衍生出了两种新的模式：第一种是品牌直接触达用户；第二种是产品可以选择用户。传统的交易基本都是一锤子买卖，品牌很难再次触达用户，而移动互联网将每个用户都具象化了，通过对用户需求进行点对点的分析，品牌可以针对性满足用户的需求，从而创造复购率高、回头客多的良性互动模式。

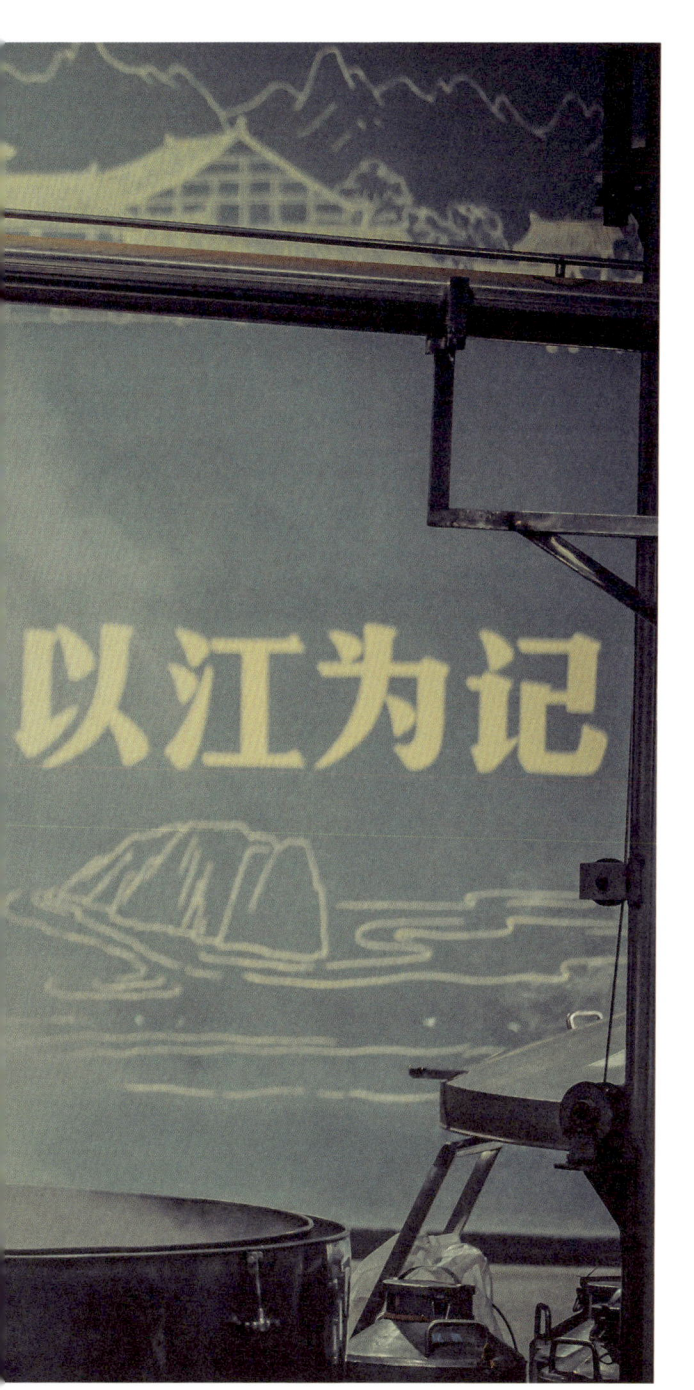

## 认养一头牛：善用后发优势，打造差异品牌

经济学家保罗·克鲁格曼在总结发展中国家成功发展经验的时候，在后发优势的基础上提出了"蛙跳"模型：即在技术发展到一定程度、本国已有一定的技术创新能力的前提下，后进国可以直接选择和采用某些处于技术生命周期成熟前阶段的技术，以高新技术为起点，在某些领域、某些产业实施技术赶超。在"认养一头牛"的 CEO 孙仕军看来，这就像中国的乳制品行业，尽管巨头林立，新的品牌仍然可以利用技术、组织、营销上的后发优势迎头赶上，甚至建立头部品牌。

"认养一头牛作为一个新兴品牌，没有传统品牌所面临的组织、技术革新方面的历史包袱，可以从零开始，直接引用国际上

先进的技术，在组织、设备、奶源方面都站在一个更高的起点上。"孙仕军说，"另外，新的营销模式，新的消费阶层的兴起，开辟了乳制品线上销售的新渠道，让我们可以弯道超车，取得后发优势。"

在竞争激烈的乳制品市场，"认养一头牛"可以称得上是当今乳品业的一匹黑马。作为一家 2015 年刚刚成立的公司，"认养一头牛"已拥有全网用户 2000 万，其中包含 500 万的资深会员。天猫发布的《2020 年天猫"618"乳饮冰总战报》中，"认养一头牛"的品牌整体成交同比增速超 600%，旗舰店成交登顶行业 TOP1，其中奶卡预售成交 400 万盒，成为当今乳制品行业的"后浪"。

### 抓住奶源痛点，差异化产品结构

孙仕军曾表示"认养一头牛"不是一家乳制品的公司，而是一家替用户养牛的公司。对于奶源的重视源自另一位创始人徐晓波辛苦"背奶粉"的经历。在多次为儿子从香港

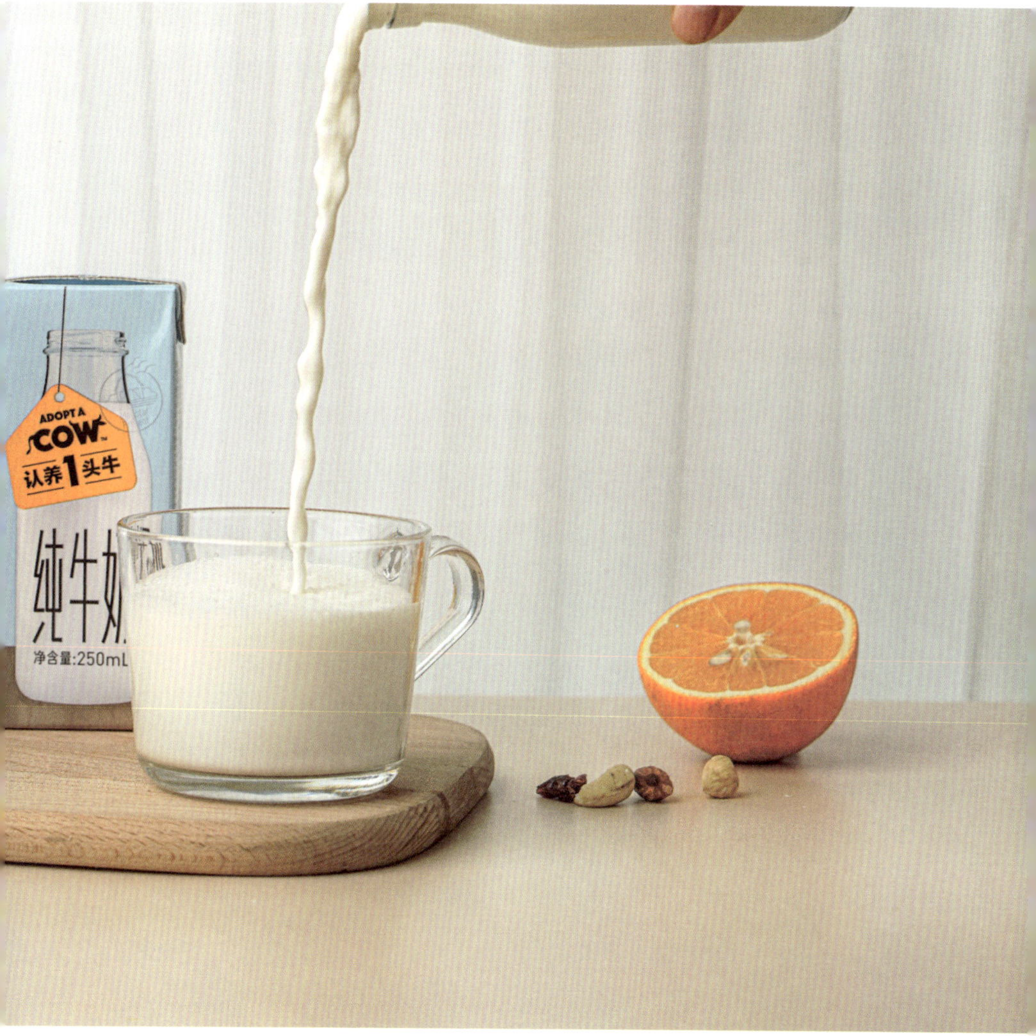
ADOPT A
COW
认养1头牛
纯牛奶
净含量:250mL

背奶粉过关后，徐晓波开始思索中国乳品行业的问题，是什么让消费者不再信任国产品牌了呢？如果消费者能够看到奶源生产过程是否会重新树立对国产乳制品的信心呢？"透明化"是最终徐晓波和几位创始人找到的答案，只有让消费者明明白白看到自己的奶是如何生产的，建立一个高水平，透明的产业链才能让他们重树对于国产乳制品的信心。

他们重新审视了中国的乳制品行业发现，尽管中国的乳制品行业已经相对成熟，50%以上的市场由三大品牌所垄断，但是从奶源建设方面，中国的头部企业与国外相比仍然十分落后，而日益兴起的新中产对于品质生活的要求，则让中高端常温奶这一品

类仍然存在机会。

"国际上通常用四大标准来衡量奶源水平,首先是每头牛的单产量,目前以色列、美国大约在12吨左右,而认养一头牛的单产则在13吨;然后是100毫升中奶的蛋白质含量,由于奶牛品种和饲料、技艺的差异,国家的标准是2.9克,而认养一头牛则达到了3.3~3.5克;最后是牛奶中体细胞和细菌数量,认养一头牛表现也十分卓越。这和我们从选种、牛舍搭建、饲料以及整体的精益化管理是分不开的。"孙仕军介绍说。

2014年,认养一头牛在河北建立了第一座现代化牧场。在这座现代化牧场里的生产区,进口设备随处可见:法国产的优质菌种、瑞典产的利拉伐转盘挤奶设备、瑞典利乐的全无菌复合纸质包装,是一整套集国内外高科技技术为一体的牛奶加工体系。具体来说,目前有近6万头澳洲血统的纯种荷斯坦奶牛、英国皇家娟姗牛和来自瑞典的专业挤奶设备,就连奶牛平时吃的饲料也是精心挑选,包括从澳大利亚进口的苜蓿草和燕麦,以及两度获得全国饲料金奖的青贮,每头牛每天的饲料费可以高达80元。科学化管理、体系完善使得认养一头牛的奶源稳定且优质:其产出的奶产品中,天然乳蛋白含量3.3%,高于欧盟标准的3.0%,微生物含量每毫升含量2万CFU(菌落形成单位)以下,远优于日本及欧盟标准。

"奶牛养得好,牛奶才会好,"孙仕军表示,"我们还从组织上建立了激励机制,让员工更有归属感,在牛舍的管理上更为

精细化，与国内外专家合作把控牧场的设计和管理。集团目前已经运营和即将投入运营的现代化万头牧场达到 8 个，分别分布于河北、山东、黑龙江等地，到 2022 年，预计世界优质奶牛总存栏数将达 9 万头。"

孙仕军表示，在 2020 年 10 月，集团斥资 5.5 亿元打造日产 500 吨的乳制品工厂也正式投产，这标志着"认养一头牛"从奶源到制造，完善了产业链闭环。"新工厂的投建，将弥补我们的制造短板，为我们进一步拓展品类、保障产品品质奠定了基础。"

与其他的乳制品制造商不同，"认养一头牛"在产品设计时，也独辟蹊径，从自己的核心优势奶牛着手。研究表明，A2 牛奶含有一种特殊的乳蛋白：A2 β – 酪蛋白，只能由含有 A2 基因的特殊

A2 型奶牛生产。有研究表明，A2 牛奶能减轻儿童对牛奶不耐受的症状，营养价值更高，吸收更高效。然而并不是所有的奶牛都能够产生 A2 牛奶，只有一部分具有 A2 基因的奶牛才可以。近期，认养一头牛推出的 A2 新品"A2β-酪蛋白纯牛奶"，直接用上了基因检测技术，从众多奶牛中筛选出这些"稀有"的 A2 型奶牛，并通过与消费者共创产品的形式，最终确定产品的定位和设计。

"从产品设计角度讲我们更重视消费者的反馈与参与，目前，认养一头牛主要集中发力纯奶的大赛道。另外会在酸奶，奶粉等品类进行布局和探索，不断根据消费者的需求提供更有品质的产品。"孙仕军表示。

## 专注线上渠道，与消费者共创产品

认养一头牛另一个为消费者津津乐道的点则是其"参与感"很强的"认养模式"。在孙仕军看来，这其实是通过消费者互动的方式，来展示透明产业链和增加粉丝黏性的一种方式。也是近年来营销端创新带给新兴乳业品牌的一个机遇。

"直播，电商平台以及游戏等形式的兴起，让新兴品牌在营销端有了更多的玩法，也可以利用更多的工具加强与消费者的互动，从而提高产品和服务水平，这也是新兴品牌更擅长的。"孙仕军表示。

为此,"认养一头牛"特地打造了"透明化"牧场。消费者可以 24 小时看到牧场的现场直播,还可以直接到牧场进行认养奶牛、亲子游等活动,甚至可以通过数字化、智能化的技术手段,真正享受看得见的饲养、看得见的生产、看得见的配送等产品和服务。同时,认养一头牛也在不断探索和消费者互动的形式,比如推出了"云认养"小游戏。

"用户的互动与参与对我们这些新品牌来说特别重要。"孙仕军表示,"他可以通过直播看到奶牛场的情况,了解我们产品生产的过程;通过搜集用户的反馈,以及与用户共同设计产品,可以大大增加用户对我们产品的信任,也让我们在第一时间掌握最新的趋势,锁定我们的核心消费者。"

新上市的 A2 β – 酪蛋白纯牛奶，就是"与消费者共创"的结果。据孙仕军介绍，在这个产品的研发阶段，公司就招募了超过 1000 位消费者为新产品出谋划策，并且在线下活动现场，体验、测评尚在研发中的新品，而公司在设计产品的过程中也会考虑到消费者的使用痛点，例如去掉吸管改为旋盖等。

孙仕军认为作为一个初创企业能够在强手如林的"红海"市场突围而出，"认养一头牛"做对了三件事：一是坚定不移的完善和建设产业链；二是在渠道上和运营方式上创新；第三就是致力于建立一个激励型的组织，从一线激发企业活力。

"作为一个乳制品制造商，产品的品质是第一位的，尽管投资巨大，我们仍要一直注重产业链的建设；天猫旗舰店、直播、小红书等新兴渠道的兴起让我们可以避开激烈的竞争，以更低的成本触达消费者，与他们互动；而'与消费者共创'的创新运营方式，则让我们的商业模式更为敏捷；通过组织激励，让一线员工的积极性大大提高，从而在本质上保证我们产品的高品质，只有员工高兴了，牛才能养好。"

**品牌小贴士**

### 消费者与产品间还有一条认养的路

　　后进者优势让认养一头牛有机会在供应链上快速追上先行者，而新连接是真正让认养一头牛快速崛起的关键。从工业化时代到信息时代，品牌与消费者的连接在信息容量及效率上都有了极大的提升，认养一头牛从名字到徐晓波奶爸的故事都是这个时代品牌人格化传播的典型代表，产品与品牌的区别就是内涵，需求不再只是功能需求，还有情感需求，而认养一头牛通过品牌人格化很好地做到了这点。另外24小时牧场直播、亲子游、认养小游戏等方式又丰富了与消费者的接触，极大地提升了消费者的参与感，通过这样的方式极大地提升了与消费者的连接浓度。而电商的销售方式则给了认养一头牛直接管理2000万用户的能力，传统的经销商模式是无法做到的。新连接会击碎很多传统行业，因为消费者会迎合这个信息时代。

　　　　　　　　　　——新匠人新国货促进会执行会长胡晓东

## 大希地：做品牌比做 APP 难

新国货品牌容易出网红，切中热点赛道，成立半年便可以估值过亿，在新消费热点频出的时候，开局容易，但发展瓶颈也是显而易见的，从网红到长红，所有新国货品牌都面临增长问题，如何长久获得消费者喜爱？如何不断扩充市场份额？

大希地品牌创办于 2014 年，走过中国互联网电商爆发期，踩过 2020 这个热点坑，迎来社交电商的红利期，新零售的发展、直播电商的喷发也都抓住了。2020 年自建了工厂，年销售额超过 20 个亿。从各方面看，经历 7 年发展的大希地都成熟而稳健，听 CEO 王凌波讲大希地，就是一个行业专家拆解发展问题清单。

最后，会发现商业并没有那么多奇迹，大部分的光环对于背

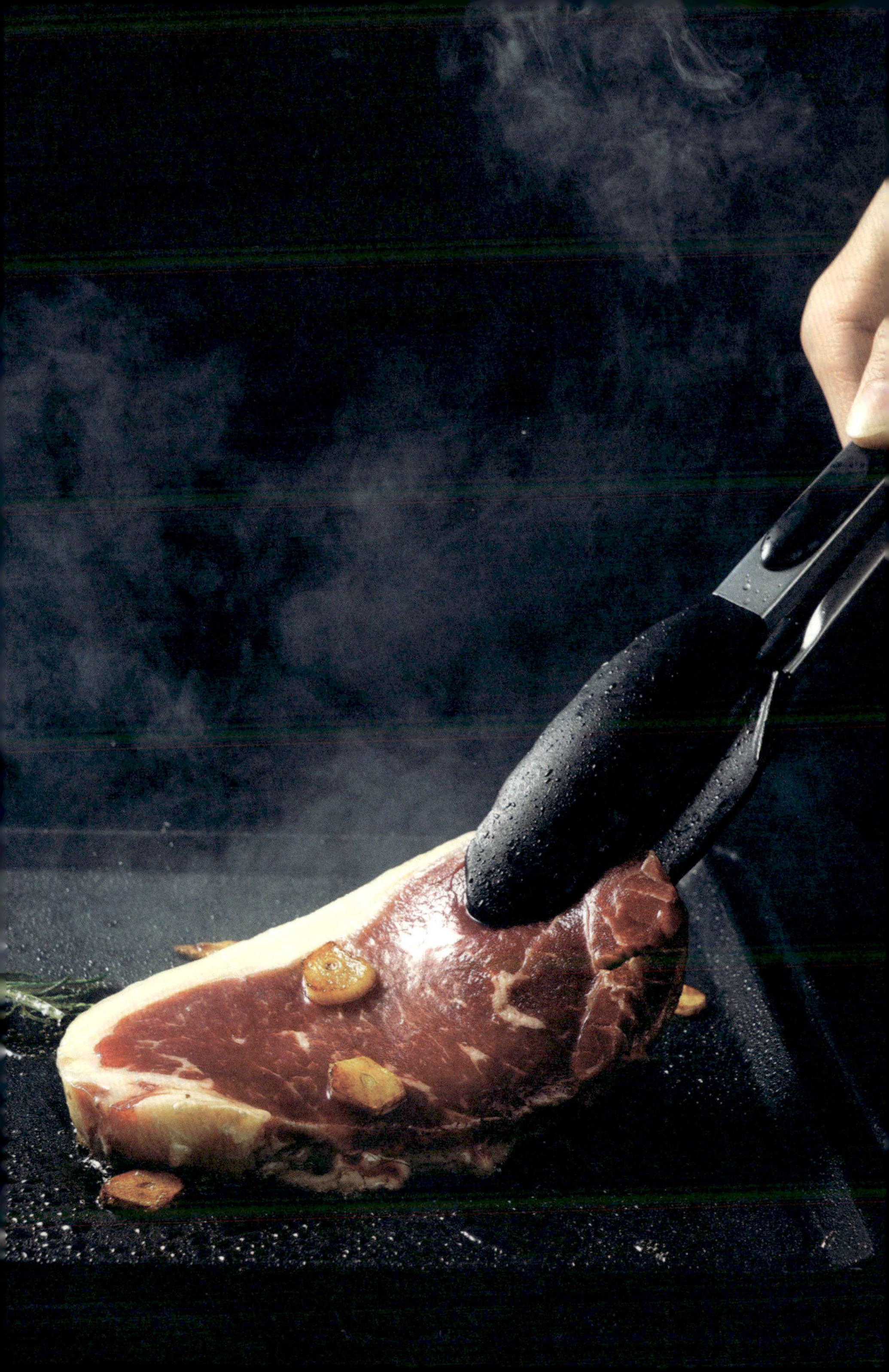

负增长压力的品牌来说,都只是"行过"。审慎耕耘渠道,搭建基础,做好产品和服务。浪漫主义只存在于将不可能变成可能的决心和韧性,过程都是在无尽的问题中去寻找解决方案,且并没有标准答案。

## 大希地的商业模型比大部分的互联网平台复杂

2019 年,在大希地一份平面物料上有这样的口号:5 分钟做大餐。大希地对于自己的路线非常清晰,几乎所有国货品牌都在"消费升级"的这个议题上,用"审美"以及超越日常感来推销自己的产品,但大希地的 CEO 王凌波说,我们做的是解决日常痛点的产品,并不是为仪式感而生的。上一辈人需要花费数个小时准备一餐,而新一代的消费者零基础,不需要演练厨艺,只需要花十几分钟的时间就可以获得平均线口味以上的一餐饭。

作为一个快消品牌,当然需要日常化带来的消费频次,最好每顿都吃牛排,就像吃大米一样。而且提供了预加工,可以让你吃得没那么麻烦,客观促进做饭的意愿。年轻一代是厌恶在做饭上花费过多时间的,而且他们拥有不做饭的选择:可以点外卖。截至 2019 年 6 月,中国网上外卖用户规模达 4.21 亿,占网民整体规模的一半左右。大希地的用户就是在外卖、外食之外,愿意从打游戏、煲剧、996 的间隙做一顿饭的年轻人,要快、要方便、要好吃。

真理并没多么深刻，但做好并不容易。互联网创业有一个大坑：想作死就去做一个 APP。但是，做牛排比做 APP 还难。

CEO 王凌波说，大希地的商业模式比大部分的互联网平台复杂，需要从采购原料开始，建工厂、管理供应商、建仓储物流管理平台，这中间涉及生鲜的仓储、配送、快递、打包、发货。还要进入各种不同平台的不同渠道，每个渠道的运行还不一样，线上的天猫和京东不一样，线下盒马和永辉还不一样，大润发更不同。在整个产供销一体化的过程里面，需要融入的人才类型各不相同，这对于管理来说，又是一个巨大的挑战。

## 极致性价比很容易滑向低价无序竞争

问王凌波发展过程中最大的难点是什么？

他说，供应链、渠道、推广、品牌……哪一步都难，哪一个都是问题。

发展过程中，还会遭遇各种"黑天鹅"，福祸相依大概可以用来概括 2020 年。上半年，因为疫情，在家做饭带来了生鲜品类的增长，大希地达到

第三章 新连接：倾听用户的声音

了200%的增长。但是下半年，随着进口冷链检测出新冠病毒，市场对于冷链食品出现了非理性的排斥和恐惧，但短期的波动不影响长期的判断。无非就是这种情况之下，把每一项工作都要做得更好一点，来对冲短期浮动。

毫无悬念的，大希地在2020的"双十一"拔得天猫生鲜品类第一。

但是，任何当下的优势都可能成为未来的困境。对大希地的CEO王凌波来说，这是一个非常理性且现实的总结。当所有的新国货品牌都依赖电商起步、线上红利，利用现金的互联网、物流基础设施异军突起的时候，都在面临同一个问题：居高不下的流量成本，后续乏力的增长瓶颈。

相对于传统的商超渠道或者经销商渠道，互联网平台规则是非常强势的。它的规则和传统渠道完全不一样，王凌波说，这里的不一样体现在货架，从有限货架向无限货架转变。不管是商超还是经销商渠道，更多的是一对一的，他们在品类里可能就服务一个品牌。传统的线下商场，一个货架也就容纳四到五个品牌，有些品类可能只有两个品牌。这种情况之下，所应对的竞争对手是非常有限的，打法也非常明确，甚至在很多情况下，可以跟竞争对手形成"价格同盟"，然后达到一种稳定性和确定性。

但是，在新零售特别是互联网平台上，竞争对手是无限的，任何一个在互联网上开了店或者上架的商品，都可能成为流量的竞争对手。所以，前三的"头部品牌"在线下可以达到60%的市场占有率，但是在线上，前三的头部品牌的市占率可能只有20%不到。很多品牌以巨大的产品力，合理的投资回报率，冲到了榜首，但是随时要面对被拉下来，并被后来者快速取代的风险。

## 线上很难，线下更难

面对无限货架的竞争壁垒，很多新国货品牌走了极致性价比的路线，牺牲利润来换取规模扩张。但是目前来看这个方向好像也有问题，一旦提价，就面临低价竞争的压力，没有最便宜只有更便宜。规模扩张并未带来品牌溢价，线上的新流量渠道可以快速打开知名度，但是无法支撑品牌业绩的长续发展，于是只能走线下。这也是近几年，拿了融资的新国货品牌的路数，在线上排名冲杀到前列之后，会将线下开店作为未来愿景寄托所在。

但是，王凌波又补充到，全渠道就是一个很难的事情，每一个渠道结构都不一样，线上跟线下的人才的团队建设也非常不一样，打法不一样，产品体系不一样，甚至连包装方式不一样，也必然影响供应链模块，牵一发而动全身。为了满足不同类型渠道的，从团队流程的搭建，到平台工程管理的一些系统软件，以致像大希地还需要有自己的IT团队做系统开发。

以冷链为例，线下渠道需要有大量前置仓来满足更快的配送

这个国家的新国货

要求。比如，有些团购单都是下午5点下订单，晚上10点送到仓库，5个小时的配送时间就意味必须在订单所在地有前置仓，至少要建在地级市，才能下沉到县级市的市场，来完成渠道的需求。

很多新零售的商超，比如，永辉就要求品牌能够将产品配送到门店，但一般来说，门店的冷库是非常有限的，所以要求品牌的配送非常及时，而且频次比较高。所以，线下就比较依赖基础性投入，在不同的城市、不同的区域建前置仓。

当然，相对于线下的重资产高投入满速度，线上始终有着各种流量惊喜，但这也意味着销售的不可预测性。比如，上了一个头部直播，确认了需求量会非常大，但是，确认的时间点往往是比较滞后的，可能要求一个星期之内能够响应，而且它的发货要求很严格。天猫要求48小时之内发货的，既无法预测销售量，又不能备太多货。一旦货备多了，又没排上直播档期，库存就够自己消耗一两个月。再加上食品都有保质期，很多是3~6个月，有时库存便意味着临期不能销售。

销售计划和销售的预测都非常重要，如果确定性不强，不仅对中台仓配是一个重大的成本，对工厂也是一个很大的挑战。因为对一个工厂来说，效率最高的是能够不断持续生产同一个产品，如果频繁更换产品，产能效率就会下降。

为了做到产供销一体，在2020年6月，大希地投资3.2亿元建了牛肉工厂道格勒，牛排也是大希地的核心品类。天猫等自有渠道的日销额目前都可以做到比较稳定，可以做到系统下单。对于工厂本身的运作和管理，也是探索的目标，搭建从生产到销售的一整套系统，在每一个环节都做好规划的前提之下，来优化成本提高效率。

在国内，牛肉深加工领域还没有做得比较好的企业。大希地希望一批拥有互联网思维的人能有机会去改造传统行业。王凌波说："消费升级一方面是消费者的需求拉动；另一方面，其实是人才的一种驱动。人才加入一个相对比较传统比较落后的行业，促进这个行业效率的提升，产品的升级。"

## 渠道做深做扎实了，才能做不在意ROI[1]的投放

几乎所有的新国货品牌都强调品牌内容与消费者的互动，社交媒体的兴盛，也让很多品牌感受到"爆红"的诱惑。在传播领域"会花钱"成为资本衡量新国货品牌能力一个指标。但大部分国货品牌只是"红过"，最终还是需要面对残酷的销售数据。

作为一个行进中的品牌创业者，王凌波说，从长远来看的话，新消费品牌不能够单纯依靠广告或者与消费者的互动，就获得长续的发展。优质的品牌内容，好的传播策略可以是一个敲门砖，

---

[1] ROI：投资回报率。

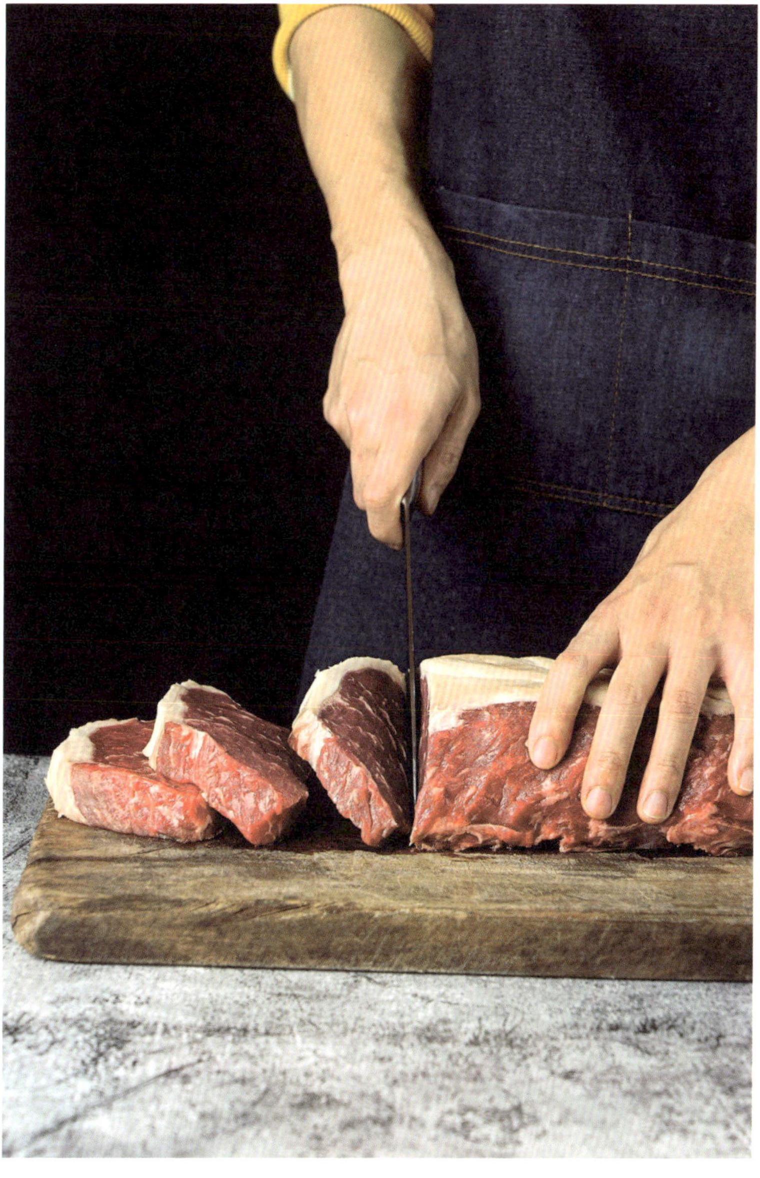

在短期内打开品牌的知名度。想要有销量的提升，必须依靠强大的渠道能力以及系统管理能力。

所以，即便年销售额已经做到20个亿，大希地主要还是做投资回报率高的投放，对于品牌类广告依然非常谨慎。王凌波说，非效果类的投放需要具备的第一条件是渠道渗透率高，渠道越多，转化和留存越好。到目前为止，大希地还在做渠道拓展，特别是线下渠道的一些拓展还没有建设完成。

大希地的目标是希望覆盖到全国一亿以上的家庭，但目前的渠道很难做到产品与用户之间的精准衔接。于是就会有一些错位，比如，一些高端用户点评中低端线的产品，或者中低端的用户吐槽高端线的产品。如果没有把产品体系和用户之间的对应关系梳理清楚，这个时候去做品牌的投放，只会让这个事情变得更乱。

目前大希地把产品传播按照消费者的喜好程度分成三到四个等级，尽可能在每一个渠道里面做到一些基本的结构传播。另外就是在不同的平台里面，比如像天猫，从传统的流量运营转向基于用户的运营。

大希地的品类也在扩充中，在牛排之外，又扩充了鸡排等品类，目前已占据销售总量的1/3。这意味着品牌的定义也随之延伸了，从牛排开始到"5分钟做大餐"，需要触达的广度和深度也会不同。

一切过往，皆为序章。对于一个品牌来说，七年只是刚刚开始而已。

**品牌小贴士**

**迎难而上的跨界者**

　　大希地要去解决的是一个消费者与一日三餐的问题。在这个节奏日益疯狂的时代，我们越来越没有时间好好吃上一顿饭。美团外卖、饿了么是一种解决方案，在家 5 分钟做一顿大餐也是解决方案，大希地要提供这种选择，人与一日三餐加上时间维度的新连接，而这样的底层需求满足背后是王凌波说的供应链难、渠道难、做品牌难、生鲜的冷链问题、牛肉的加工问题、直播渠道的销售不可预测问题、初加工品的差异化问题。大希地花了 7 年时间一步步地解决各个问题，自建仓储物流，自建工厂，抓住每一次流量的红利，做到了 20 亿的销售额，让一部分人实现了 5 分钟大餐的需求。我问王凌波大希地下一波是什么计划，他说希望有更多更好的人才加入到大希地来，确实新国货的崛起最重要的就是更多的优秀人才加入。

　　　　　　　　　　——新匠人新国货促进会执行会长胡晓东

## 江小白：品牌唱好戏，产业链搭台

"古来圣贤皆寂寞，惟有饮者留其名"。中国的饮酒文化源远流长，白酒行业在中国既是规模最大的细分市场，又是等级森严门槛颇高的"门阀社会"，头部品牌份额相对集中，在小家电、服装、美妆等各个国货品类纷纷突围的今天，在白酒这个品类中能够异军突起的就只有江小白。

从 2012 年的年销售 3000 万元到 2019 年销售额 30 亿，江小白以迅雷不及掩耳之势，从重庆火到了全国，你也许并不喝白酒，但是"世上最遥远的距离，是碰了杯，却碰不到心"等经典文案你应该看到过，那些曾经击中 80 后、90 后 "情感痛点"的金句伴随着江小白那简单朴素的小瓶，成了年轻人的聚会必备。

经常被媒体称为"初代网红",江小白的创始人陶石泉却并不认同。他经常戏谑地说自己明明是个做实业的,只不过是比其他做实业的玩互联网玩得好一点。江小白的崛起并没有让陶石泉洋洋自得,反倒是觉得"出名太快"。

"如果重新再来的话,我反而不希望当年那么红,品牌知名度起来得慢一点。会更有利于发展。"陶石泉表示,"我不会去羡慕那种最近三五年增长特别快的品牌,最敬佩的是持续了一百年、两百年的品牌,还能保持年轻、有活力。我们做酒庄,布局全产业链就是要坚持长期主义,江小白要做的是百年品牌。"

这个国家的新国货

## 重新定义消费市场，让产品自带流量

在江小白出现之前，中国的白酒市场几乎没有针对年轻人的产品。广大白酒厂商更愿意主打"悠久历史"和"成功人士"等概念，让年轻人对于白酒往往敬而远之。中国的饮酒文化博大精深，那么是否可以通过具有针对性的产品，让中国的饮酒人群可以进一步分层，引导消费呢？作为白酒品牌的创始人，陶石泉的酒量并不好，这恰恰让他对于中国传统的酒桌文化有了更深的反思：他发现其实年轻人并不是不喝酒，关键的问题在于口感和品牌两方面。一是传统白酒口感太辛辣，刚刚接触酒的年轻人初体验都不太美好；二是传统白酒品牌让年轻一代感觉有一些沉重和老气。传统的酒文化中太多人认为人需要一瓶酒来表达自己处于什么档次，用酒来表达"人贵"，但陶石泉却认为最本质的是人，所有的人都应该比酒"贵"。人不应该需要一瓶酒来证明我是谁。

围绕着这两点，江小白在产品推出之时，就从"小"着手推出了清香型高粱酒。相对于入口浓厚的浓香型和酱香型白酒而言，入口更为清淡清甜，消费者的接受度也更高。另一方面，面对年轻人对于传统酒桌文化的反叛，陶石泉发现需要重新定义江小白的消费场景。他们发现年轻

人的酒类消费多是为了释放情绪，增加社交。因此，产品设计过程中，从包装到品宣上注重新颖和时尚，根据年轻人的语言喜好设计文案，引爆年轻消费者的"情绪消费"。2015年"表达瓶"推出，在酒瓶上设置二维码收集消费者自己的想法，把单向的广告变得互动性更强，将产品变成一个超级自媒体，让消费者本身成为内容的生产者和品牌传播者，在极短的时间内风靡全国，引领了全国饮料行业营销的新潮流。那时候，微信还只是刚刚兴起，抖音尚未诞生，江小白利用新浪微博、公众号、QQ等方式，打造品牌IP，利用社交媒体与年轻人互动扩大品牌影响力。

陶石泉介绍，江小白拥有一个特别大的文案库，都是消费者上传的创意。公司从消费者端推导过来如何做产品，如何产生消费者的互动，如何去做内容，如何去定义和聚焦消费的场景，满足了私人定制，也让产品成了一个超级自媒体。"我们将产品变成一个超级自媒体，之前认为产品是产品、营销是营销、广告是广告、渠道是渠道，后面发现广告还可以通过自媒体方式方法来做，把单向的广告变得互动性更强，产品就应该成为最好的自媒体，产品是带来最大流量的。"

## 一酒一心，发力全产业链

对于陶石泉来说，江小白品牌的爆红更像是一把双刃剑。他曾经表示，品牌效应带来的消费者的共情仅仅是暂时的，品牌所传达的精神内涵，最终还是由产品品质所决定，需要时间去沉淀。

"品牌对江小白而言更像是一种语言,帮助我们的产品更好地和消费者沟通,在企业早期发展时形成标签化,让消费者有兴趣去尝试,但最终能否赢得消费者的认可,还是取决于产品是否拥有更高品质、更高效率,或者能给消费者带来更好的消费体验,也就是可否能打造卓越、有差异化、有用户价值的产品。所以品牌在某种意义上讲,是企业经营行为的一个'果',而不是'因'。"陶石泉说,"其实包括酒庄、全产业链、渠道等事情我们很早就开始做了,这么多年只做没说。我们想从源头开始做,希望在未来5年、10年后,我们的高粱品种能够得到很大的改善。这是一件短期做起来看上去特别重,但是长期来讲,会成为江小白的核心壁垒。"

好产品是什么呢?陶石泉的定义也十分简单:一酒一味,一酒一心,追求长期价值。在他看来,每个国家甚至地区都有属于自己的酒文化和层次丰富的酒饮品牌,而中国尽管有千年的酒文化,但是酒饮品牌的层次还并不丰富。"一酒一味"是指每一款产品放

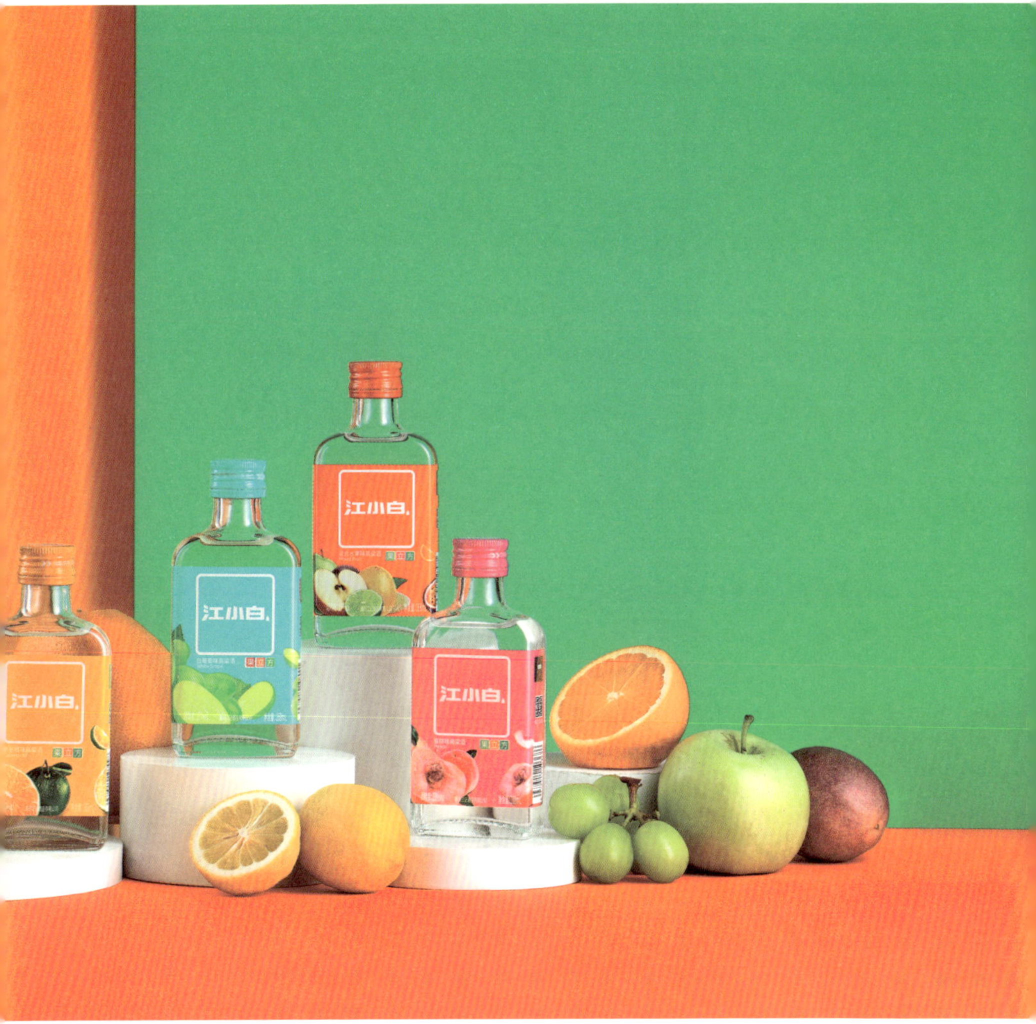
江小白
江小白
江小白
江小白

到市场上，必须是独一无二的，拒绝千篇一律；"一酒一心"就是要抱着一颗拙诚的心，像为亲人朋友酿酒一样，精心为用户酿造符合他们需求的好产品。

这句话说起来简单，实际操作起来却很难。悠久的酒文化历史让中国的消费者对酒饮口味更加挑剔，不断变化的年轻消费者品味又需要更为丰富的产品线和营销。江小白，做的就是回归产品。

针对产品研发，江小白建立了一支包括5位白酒国家级评委、11位高级品酒师、11位高级酿酒师、7名重庆市白酒专家为代表的专家队伍，达到了国内一线名酒企业的综合配置和竞争力。打造了规模最大的清香型高粱酒酒厂——江记酒庄，建立了"江小白高粱产业园"从源头上把控原粮质量和规模供应。"未来，这都会成为江小白的核心壁垒。"陶石泉表示。

针对果味酒和低酒精含量饮料在年轻消费者群体中的消费增长趋势，经过两年的研发，江小白推出了升级的水果味高粱酒——果立方。2020年江小白在线上限量首发了包含白葡萄味、卡曼橘味、混合水果味等多种口味的水果味江小白，首批5000套被迅速抢购一空，在社交网站上也收获了大量好评。

"江小白在近期将陆续启动全系产品升级，一是会对江小白现有产品进行提质升级，二是会持续推出一些能更好地满足用户需求的新产品。"陶石泉表示。

作为一个赛车爱好者，陶石泉认为骑摩托车和做企业一样，都需要掌控力，让速度处在安全边界中，任何时候都需要在追求极致的同时保持克制。"万万不可的是，明明这个车只有100迈的极限，人却想有200迈速度，这时候你是驾驭不了的，继续骑下去一定会出问题。"

这也恰恰是当下江小白发展的隐喻，尽管"网红品牌"可以在前期高速增长，真正决定其"安全边界"的却是其产品品质，如何驾驭江小白这个品牌从"网红"向"长红"迈进，看起来陶石泉已经做好了准备。

> **品牌小贴士**
>
> 面对年轻人对于传统酒桌文化的反叛，江小白重新定义了白酒的消费场景。年轻人的酒类消费多是为了释放情绪，增加社交。因此，在产品设计过程中，江小白根据年轻人的语言喜好设计文案，从包装到品宣上注重新颖和时尚，引爆年轻消费者的"情绪消费"，把单向的广告变得互动性更强，将产品变成一个超级自媒体，让消费者本身成为内容的生产者和品牌传播者，在极短的时间内风靡全国，引领了全国饮料行业营销的新潮流。

## 林清轩：用新品类树立专家形象，用本土文化征服消费者

2020年可谓是国货美妆的元年。截至2020年10月底，拼多多上国产美妆产品的订单量较去年同期增长了109%。而天猫国际数据显示，"双十一"期间，国货美妆成交额增长超10倍，在所有出口品类中排名第一。领跑的国货产品大多主打物美价廉，只有一个异类——林清轩，其明星产品山茶花润肤油以单瓶定价697元的价格媲美诸如雅诗兰黛、兰蔻等国际一线品牌。

"林清轩要创造一个在中国独一无二的，非常差异化的，用本土文化和科技做出来的护肤品。"林清轩的创始人孙来春表示。2020年上半年，林清轩品牌业绩达到去年同期的168%，7月线下

门店营收达同期195%，天猫渠道销售额翻了6倍。除了销量翻一番，作为创业十几年的国产护肤品牌，林清轩坚持从原料、研发、生产、营销把控产业链的每个环节，用大单品打造品牌护城河，用中国文化塑造品牌核心精神，在经历了长时间的积累后，2020年的爆发只是一个起点。

## 爆品的逻辑：一路向东

2020年9月份，林清轩3.0山茶花润肤油首发，共吸引千万人次在线观看，直播带货环节下单成交近1400万。当晚微娅直播间的首发直播表现同样不俗，2分钟销售了1.6万瓶，成交业绩超

1000万元。山茶花润肤油，这款从概念到技术都来自于中国本土的产品，是林清轩最具盛名的产品，2019年，林清轩的山茶花油卖了将近50万瓶，占到整体销量的20%以上。

孙春来表示所谓的"国潮"也只是潮流，有潮起就有潮落。林清轩其实并不是赶上了这个潮流，而是无论潮起潮落都"一路向东"——坚持用东方的自然护肤理念，坚持用本土的原料，坚持用本土的文化打造产品。而这些才是山茶花润肤油得以与兰蔻，雅诗兰黛等国际高端品牌并肩的底气。

林清轩从品牌创立之初，就确立了以中国传统草本为原材料，通过自有研发团队，打造全产业链的发展路径。但是，在当时几乎所有的国内化妆品牌都走的是模仿外资品牌的路线，愿意潜下心做研发的少之又少。护肤品研发就像新药研发一样，需要大量时间和技术的积累。对于林清轩来说一没有本土原料研发产业链，二没有消费者反馈的积累，一切都要从零开始。

创业之初，公司有十几款主要的单品，但

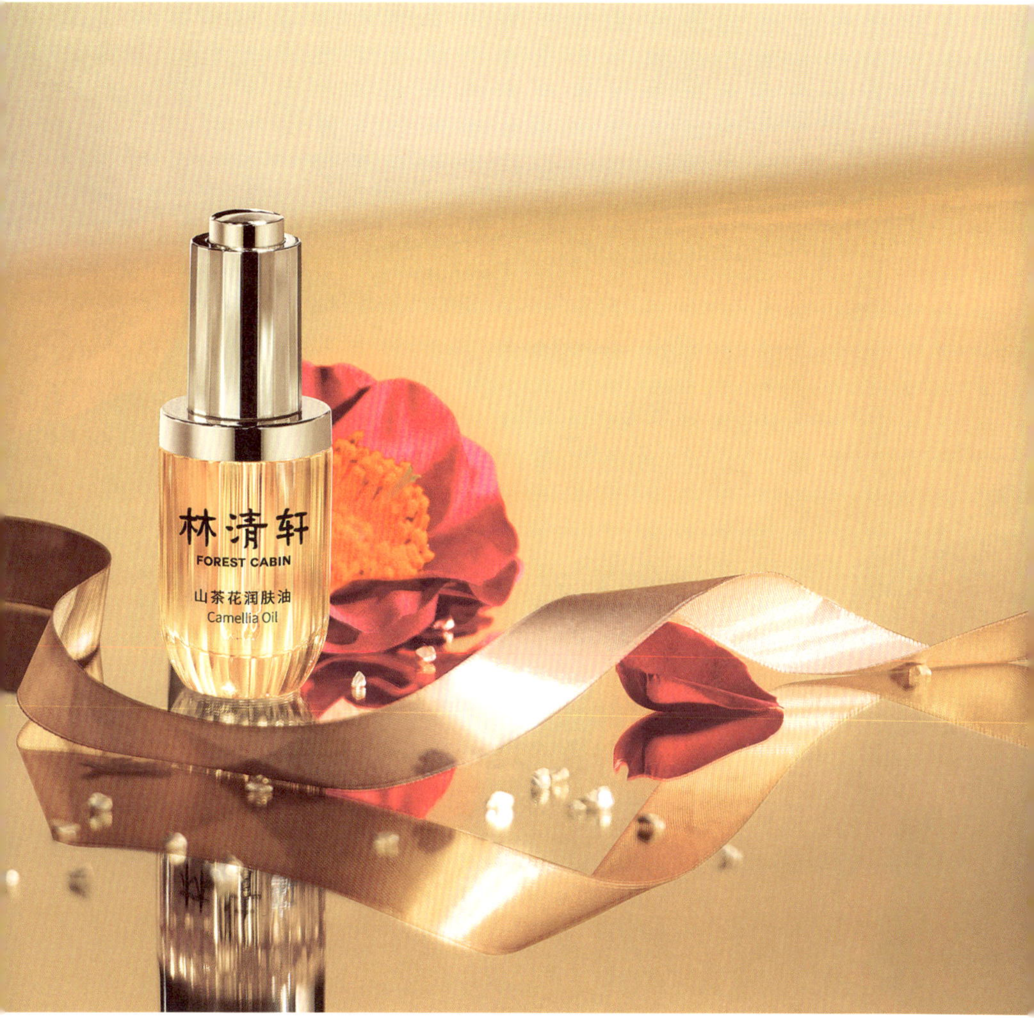
林清轩
FOREST CABIN
山茶花润肤油
Camellia Oil

是整体消费者护肤反应都一般，直到 2014 年，公司发现山茶花系列产品的消费者反馈非常好，自然复购比例比较高，孙来春做了一个大胆的决策——集中力量打造中国特色的山茶花系列。

公司组建了山茶花焕肤科研中心，历经 700 多天潜心钻研，从山茶花籽、花、叶中发现了蕴含修护功效的天然成分，进一步研制出对肌肤屏障拥有神奇修护力的活性修护配方，并经历几年的技术积淀不断升级。为了保证产品的质量，林清轩从源头把控，在浙江、江西、福建等地合作建立了 380 亩的山茶花育苗基地和 4 万多亩山茶花种植基地，同时为了扶持农民，也通过道德采购的方式培育了 2.7 万亩山茶花的树林。从生长在海拔 800 米以上、树龄达 50 年的珍贵山茶花树中提取原料。目前，林清轩有专利 60 项，发明专利 19 项，和一个获得了 40 多项国际大奖的产品。因为坚守 100% 的植物成分，林清轩的山茶花润肤油 3.0 版通过了欧盟 ECOCERT（欧盟国际生态认证中心）天然化妆品认证。

对于孙来春来说，山茶花润肤油的成功不仅仅是自身科研技术积累的结果，也是国内新生代消费者对中国文化、中国技术的认可。孙来春本人对中国文化有着极深的热爱。他描述道，品牌创立之初"自然"这个概念在中国还不是一个响亮的招牌，但在日本、韩国，已经有品牌开始利用植物萃取开发护肤产品，而中国这样一个中草药的大国，这一部分却仍是空白，凭借着对中国中草药文化的热爱是他选择创立林清轩的重要原因。

"我们培育出富含天然修护成分的中国本土山茶花,通过自己的科学家团队,萃取出核心专利成分。我们走出了护肤品山寨国际大牌的怪圈,完全按照中国经典的逻辑去做产品,获得了消费者的认可和信赖,这是让我倍感自豪的。"孙来春表示。

## "我们硬是在化妆中加了一道程序"

现在,很多林清轩的消费者都会在精华液前用三滴山茶花润肤油打底。但是,实际上这是林清轩打造的"新品类",用孙来春的话说就是"硬是在化妆程序中加了一道新工序"。

"做一个新品类特别难,因为消费者没有使用习惯,在护肤流程中加上一道新工序也很有挑战。但是如果成功了的话,就可以在黑暗的岩石中打出一道光,进入国外高端护肤品占据的堡垒。"孙春来表示,林清轩围绕着"山茶花"打造了明星单品——山茶花润肤油。

首先是在消费者意识层面树立林清轩是中国山茶花护肤专家的形象,提到林清轩就代表了山茶花修护这一个细分品类。通过掌控核心原料产地、研发、生产制造、终端分销、品牌建设等全产业链核心环节,打造专业形象;又通过直播、广告、内容传播等聚焦山茶花的修护功能,例如林清轩是一个发现并提出山茶花润肤油有"修护口罩脸"的效果。2020 年 618 期间,医护工作者的消费就比去年提升了近 3 个百分点，尤其是武汉市场，反响非常好。

其次，是把商品的卖点翻译成消费者的买点。山茶花油中富含"美容酸"——油酸，油酸与人体皮脂膜成分极为接近，能渗透肌肤，帮助修护。但是如何将强大的修护功能转化为消费者心智中"具体的存在"，林清轩基于客户的反馈做了大量的调研。数据显示，参与肌肤测试的女性，每日早晚使用山茶花润肤油 3.0，坚持使用六周后，脸部抬头纹减少 16.53%；法令纹减少 11.14%，鱼尾纹减少 18.91%，肌肤光泽度提升 43.1%。

从"强大修护力"到"肌肤会发光"，完成了卖点转换，因此也让消费者顺理成章地接受了"精华之前三滴山茶花润肤油"的工序。

## 渠道求变：All in 数字化

创业十几年的林清轩，实际上触网的时间非常晚，PC 电商和移动端互联网的时代都被林清轩错过了，一直到 2017 年双十一，林清轩天猫店两周涨粉 81 万，比线下门店十几年积攒的会员数还多，才让孙来春决定开始发力线上。2018 年，林清轩开启了"All in 数字化"的企业战略，包括"All in 短视频 + 直播"，并尝试阿里推出的新零售工具钉钉智能导购；2019 年，林清轩又跟上了微信小程序的风,同时对客户信息进行数字化管理。但是在疫情之前,线上业务对于林清轩来说仍然是"备胎"。

2020年的疫情,让林清轩一夜之间遭受了重大的打击,销量下降了90%。1月31日深夜,孙来春给员工写了《至暗时刻的一封信》。2月初,林清轩决定开放起来,将所有业务向线上转。随着直播的兴起,林清轩开启了新的数字化转型之旅。打通了多个线上渠道,包括小红书、B站、抖音、云集、蘑菇街等。此外,林清轩还请来薇娅等头部KOL合作直播,另有1600多名遍布全国的导购直播,加上林清轩的自有主播,倚靠5万多场直播,累计获得1.2亿观看量,天猫渠道销售额翻了6倍。凭借线下积累的良好口碑

和用户心智的护城河，林清轩在网上几乎可以说是"一夜爆红"。在 2020 年双十一周期内，林清轩全渠道销售额突破 1.5 亿，线上整体销售额同期增长 242.8%。

对于孙春来来说，数字化对于组织的改造更根本的是提高了消费者的线下体验和线下员工的服务体验。对于消费者来说可以自由选在线上还是线下购买，对于线下服务的员工来说无论是在线上还是线下获客都可以计入自己的 KPI，这样可以提高员工服务客户的热情，完美地使线上和线下形成一个闭环。

孙来春并不认可"一夜爆红"的说法。"曾经我们认为线上平台就是一种补充，但现在线上互联网化这件事可能彻底改造我们。但是对于品牌来说，数字化仍然是工具，品牌力是核心和文化。因此，我们的品牌要有独立的个性，决不能动摇，品牌要和时间做朋友。"

种植一朵山茶花最好的时间是 5 年前，其次是现在。林清轩成功的背后显现的不仅是其 17 年来一如既往坚持本土研发与中国元素的执着，拥抱数字化的决心，更是在历经风浪仍旧不骄不躁，稳步向前的中式君子之风。

> **品牌小贴士**
>
> **国货老兵的新战役**
>
> 林清轩是个 17 年的老品牌，很符合这轮新国货的趋势，有中国文化的山茶花爆款，有先进的山茶花供应链，但在疫情前跟很多线下品牌一样，有很多店，销售也很高，但在新人群里默默无闻，而这轮疫情却让他们破圈了，从孙来春自己 2 月 14 号第一场直播开始，做了 5 万多场直播，上半年的销售额同比增长了 168%，这个就是新连接的力量，直播和短视频是效率工具，就像当年的央视广告，但是林清轩的成功转型来自于 18 年开始的数字化改造，花费 5000 万 3 年时间将线上线下的产品销售体系打通，在疫情前孙来春觉得 5000 万打了水漂，其实不是数字化没成功是没人用，疫情让线下的销售人员被迫用起了直播等工具，让他们看到了效果，才有了这次的破圈及效率爆发。老品牌用上新连接是个很大的机会，老品牌自身愿不愿意用是最大的阻力。
>
> ——新匠人新国货促进会执行会长胡晓东

## 小仙炖：爆火破圈背后，如何让中式滋补乘风破浪？

在"燕窝"这一赛道，要飞速前进并非易事。

一方面，燕窝相关行业市场高达千亿却鱼龙混杂，行业有产品无品牌。另一方面，长期以来，大多数燕窝品牌都主打燕窝市场，礼品属性抬高了产品售价，且因为干燕窝、即食燕窝存在着原料难鉴别、消费者不懂如何炖、不懂如何吃、没有时间坚持吃等一系列痛点，导致自用化市场一直没有打开。

随着新消费升级，以鲜炖燕窝为代表的新兴品类，解决了传统燕窝消费的一系列痛点，让燕窝从传统滋补品变成了一套完整的滋补解决方案，从而进一步打开了燕窝自用化市场。同时，年轻养生群体更贡献了新增长点。根据《天猫即食燕窝发展趋势洞察》数据显示天猫平台上燕窝的主要消费者是 85 后和 90 后，他们在人数占比和消费金额占比上都贡献了六成。

供给侧与消费侧的双向动作，直接把燕窝创业拉入了快车道。小仙炖，就是其中的佼佼者。在燕窝行业率先引入 C2M（用户直连制造）模式，开创鲜炖燕窝 5 大标准，获得章子怡、陈数、周鸿祎等大咖和明星的投资……这些亮眼成绩背后，有什么成为行业冠军的"捷径"？

## 品类选择引爆流行趋势

2014 年，苗树和拥有医学背景的林小仙闯入燕窝市场。

林小仙身兼多个身份——一级健康管理师、国燕委常务副理事长……出身中医世家加上第一军医大学的医学学习让她对营养与健康有了深入的理解。8 年的广东生活经历，也让她汲取了当地养生滋补文化，积累了丰富的燕窝知识。

而选择燕窝这一品类，苗树有着更深入的思考。"品牌成功的前提是品类选择。"综合了市场总量、市场趋势、用户人群、用户认知、用户痛点、竞争对手等关注重点，苗树为小仙炖找到了存在的价值。

燕窝是千亿级市场，每年保持着 50% 增长。然而，当时整个

行业中，即使是较为知名的品牌，市场占有率仍然较低，且主要用途是送礼。自用市场，亟待挖掘。同时，随着消费者年轻化、用户自用化，新的市场需求出现。90后更成为养生主力。对于快节奏生活的年轻人来说，传统食用方式，已经完全不适用了。

小仙炖率先引入C2M的模式，创新性采用鲜炖工艺，可以实现下单鲜炖，每周冷鲜配送。基于这样的创新，鲜炖燕窝产品在滋补领域中逐渐打开局面，成为"头部玩家"。

"预见2021"年终秀上，财经作家吴晓波指出："品类创新是催生新品牌的重要途径，由品类引爆流行，引爆流行获得基础用户，获得基础用户形成品牌。"

这条路，小仙炖已经走了数年。

## 品牌战略紧追市场机遇

"你没有定位，即便发现一个好的市场机遇，也很难。比如说，你打到一个'红海'里，你会很难，因为你没有差异化。如果你没有配称，只是看到一个机会，那机会不是你的，所以也不会构成一个真正的品牌战略。"

在苗树看来，品牌战略＝定位 × 配称。有了"鲜炖燕窝"的定位之后，是如何实现配称。在产品配称、运营配称、传播配称等方面，小仙炖都做足了功夫。

1、产品配称

要打造符合鲜炖燕窝的体验，就要讲清楚是怎么炖燕窝的。小仙炖创立鲜炖燕窝5大标准，分别在产品炖煮时间、炖煮温度、产品选料、冷鲜配送、零添加、保质15天下足功夫。通过各种标准化细节，让用户感受到产品的利益点是什么。

2、运营配称

之前,小仙炖有 30 多个 SKU,做完定位后,直接砍到 12 个 SKU,做到了产品聚焦。这样节省了大量的成本,包括人、精力、空间、费用等。

在渠道方面,小仙炖也做了聚焦,将 10 多个渠道减少到 4 个,只留下流量更集中的天猫、京东、小红书、微信商城。

"我们是做品牌的逻辑,我在外面'种草'和广告,让用户反向搜索,用户喜欢在哪儿买,就去哪儿买。这 4 个渠道足以满足用户需求。"

运营配称的第三个动作,是关于定价。战略顾问曾建议小仙炖瞄向 100 克产品,放弃 70 克产品,让产品印象更聚焦。但苗树并没有这么做,用户对于滋补有不同程度的需求,秉承客户第一的小仙炖希望能够更好地满足用户需求。

3、传播配称

"品牌必须要做传播,只有通过传播,你的品牌定位,才能深入人心,传播到更多你的潜在用户中,不断扩大品牌规模。在这个过程中,必须选择效率更高的方式,更低成本、高效地传递到消费者的心智。"

线上线下相结合,是苗树所认可的传播配称。

第三章 新连接：倾听用户的声音 213

线上主要攻破小红书、抖音等年轻人聚集的空间。数据显示，在小红书 APP 上，小仙炖相关笔记突破了 1 万篇。抖音上，张柏芝同款小仙炖、宁静同款小仙炖、唐艺昕同款小仙炖等多条明星"安利"视频刷屏，相关话题播放超过 6.6 亿次。线上直播电商中，也常见小仙炖的身影。

线下，小仙炖则寻找主流人群的生活轨迹，覆盖到用户的每一个生活场景。

## 品牌价值决定市场份额

苗树："品牌的资产不在终端市场、也不在货架上，而在消费者心里。一个品牌在消费者、潜在消费者心中占有多少份额，

决定了它的品牌价值。"

做一时的品牌容易，做长期发展的品牌则难。如何打造长期品牌，形成自己的品牌资产？苗树有着独特的方法论。

"品牌成功的基础，在于打造信任状。"

这份信任状，来自产品品质，也来自用户价值的深挖。

作为鲜炖燕窝品类开创者，小仙炖采用鲜炖工艺，下单鲜炖，产品不含任何添加剂，只有燕窝、冰糖和水，保质期只有15天，每周冷鲜配送到家，保证新鲜口感的同时，能有效留存燕窝的营养。既解决了食材问题，克服了干燕窝的高制作门槛，还解决了即食燕窝长保质期、可能含添加剂的问题，更新鲜、营养。

在为用户提供高品质的同时，小仙炖鲜炖燕窝也持续做深用户价值。在燕窝行业引入C2M模式，开创周期滋补模式，消费者按年购买，下单后工厂鲜炖，每周冷鲜配送到家，实现了消费者购买、食用、长期滋补的闭环。

同时，身为行业头部玩家，同样身兼推动行业规范化、标准化的重任。小仙炖鲜炖燕窝在行业内率先建立拥有鲜炖燕窝方便食品SC生产许可的鲜炖燕窝工厂，也标志着鲜炖燕窝正式从即食燕窝的罐头食品生产标准中分离出来，拥有了独立的生产标准。2020年5月，小仙炖鲜炖燕窝工厂也通过SQF食品安全规范与质量规范认证。通过自身的不断升级，小仙炖让鲜炖燕窝的生产标准透明可见，引领滋补行业的品质升级，推动行业良性、有序、健康地发展。

"考虑品牌的长期可持续性发展,不要做短期投机的行为。这点很难,要忍忍。"

坚守产品品质、深挖用户价值、引领行业标准……小仙炖以匠心诚意和创新能力为用户提供了场景化的滋补解决方案,也在发展过程中打造了品牌价值,积累了品牌资产。

从销售量 3000 份到如今双十一稳居天猫健康、滋补、燕窝类目第一品牌,小仙炖用了 6 年。未来,小仙炖的路还能走多远?值得期待。

> **品牌小贴士**
>
> 品类创新是催生新品牌的重要途径。由品类引爆流行,从而获得基础用户,最终形成新的头部品牌,这就是小仙炖的成长路线。随着新消费升级,以鲜炖燕窝为代表的新兴品类,解决了传统燕窝消费原料难鉴别、消费者不懂如何炖、不懂如何吃、没有时间坚持吃等一系列痛点。小仙炖作为其中的佼佼者,率先引入 C2M 的模式,让燕窝从传统滋补品变成了一套完整的滋补解决方案,创新性采用鲜炖工艺,可以实现下单鲜炖,每周冷鲜配送。基于这样的创新,鲜炖燕窝产品在滋补领域中逐渐打开局面,小仙炖因此成为"头部玩家"。

## 佩妮 6+1：向传统品牌学习，做宽做长赛道

股神巴菲特有一个非常有名的滚雪球理论：首先要有很长的山坡，其次要有很长的寿命，然后还要有很湿的雪，这样雪球就可以越滚越大。对于佩妮 6+1（简称佩妮）的合伙人吴林来说，宠物用品市场就是这个很长的山坡，宠物食品就是这个很湿的雪，而他要做的就是不断通过研发、产品、生态的投入让品牌真正成为一个"百年品牌"。

与很多新国货品牌不断标榜自己的"新打法"不同，吴林更愿意把自己定位向诸如蒙牛、农夫山泉等中国传统品牌的学习者。他认为传统品牌身上有太多值得"新国货"学习的东西，目前的"新国货"在渠道、服务和地推方面都还有太多不足的地方。

"大家都在谈直播，我不否认网络平台对于一些新兴的国货品牌来说可以在一时带来巨大的流量，佩妮也一直都在部署这一块。但是我们要看到的是，网上更多的品牌是在打价格战，是一种卖货思维；消费者随波逐流，品牌的忠诚度并不高，长久来看对树立一个百年品牌未必是好事。"吴林说。他更看重传统品牌扎实的基本功，互联网只是"术"，产品和服务才是"道"。

## 精选赛道，确立拳头产品

作为连续创业者的吴林和他的合伙人，丰富的消费市场经验

让他们在继续寻找创业标的时仍然锁定实业。通过对国内外市场综合的考察，他们最终将目标放在了宠物食品上面。"我们考察了美国、日本、德国等好几个国家，发现尽管我们的宠物市场发展得很快，然而不论是产品的标准化还是从业人员的专业性方面，国内宠物市场都非常混乱。国际宠物食品的代工厂商大都在中国，宠物食品的供应链非常齐全，但是中国自身的宠物食品却缺少头部品牌。这个赛道足够长，但是却需要更多的规范。"吴林表示。

《2020年中国宠物行业白皮书》的数据显示，2010～2020年这10年间，我国城镇宠物行业市场规模逐年提升，年复合增速达到30.88%。2020年，全国宠物消费市场规模达到2065亿元。预计2024年，中国将有4.455亿宠物，市场规模达到4495亿元。尽管如此，中国的宠物市场仍然和美国、日本存在较大差距，宠物保有率和消费金额依然较低，未来市场空间依然巨大，预计未来5年，中国宠物行业能够保持年均15%以上的增速。

吴林表示，目前国内的宠物食品市场仍然主要被国外品牌所占据，市场还需要进一步的教育。"不过我们发现越来越多的消费者，尤其是年轻的消费者开始转向国产品牌，愿意和品牌共同成长，他们会热心给我们提出反馈意见，帮助我们发展。"

要建立一个长期品牌，就需要有拳头产品。佩妮在研究了国内宠物食品的生态后决定从宠物湿粮入手，同时发展宠物零食。吴林介绍说在充分考察了海外市场以后，他们发现在海外市场，

宠物湿粮已经是一个相对成熟的市场，与干粮相比，湿粮具备营养价值更高、水分含量高、适口性更好等特点，在美国市场，湿粮占主粮的比例已经达到了50%，而国内仅有20%，提升空间较大。

另一方面，逐渐年轻化、高学历、高收入的宠物主也越来越注意宠物的身心健康。普华永道在报告中指出：中国目前的宠物主88%是女性，50%是80后和90后；57%拥有大学及以上学历。新宠物主们更注重宠物健康，愿意为宠物支付更高的成本、选择更优质健康的食物，这不仅极大地推动了养宠质量的上升，同时也对宠物食品的质量和多样化有着更高要求。"对于很多宠物主而言，宠物就是他们的亲人和朋友，因此他们对于宠物健康相关的信息格外重视。佩妮做产品首要就是要健康，把国外更为健康的宠物食品理念带过来，通过线下的网络和线上的渠道与消费者进行充分的沟通，让他们更健康地喂养宠物。"

目前，佩妮6+1的产品分为罐头、冻干、训练和奖励食品。与此同时，针对都市繁忙养宠一族，佩妮还推出了宠物配餐，订制宠物一周的营养食谱，每日不同口味搭配，为宠主提供省时省力的喂养方案。

"有品质的产品，消费者自然会接受。随着整个社会宠物意识的提升，宠物食品市场会越来越接近母婴用品。消费者会把更多的关注点放在健康和品质相关方面，因此无论从产品到服务，宠物食品厂商都应该向诸如伊利、飞鹤等中国企业学习。他们也是经历了从市场乱象到外资品牌垄断，再到分庭抗礼的阶段。"

吴林表示。为此，佩妮专程邀请蒙牛、雅士利奶粉的销售和生产团队加入，在宠物零食产品生产上严把质量关，以生产母婴食品的标准重新定义宠物食品行业，并且引入他们的营销经验。

## 线上线下并举，做大新宠物零售服务生态

一手捧火了好记星、背背佳、小罐茶的佩妮合伙人冯继超被称为"营销教父"，但是他却对线上"卖货赚流量"的做法保持谨慎。他曾表示，做宠物零食就要回归产品，产品做得好还是不好，只要看宠物吃还是不吃就能够判断出来，如果产品放的是真的肉，那宠物一定会吃。如果要打价格战，那食品的品质就得不到保证，因为要用真的肉，还要承担渠道的费用，是无法盈利的。

合伙人吴林表示，佩妮目前选择的供应商都是业内顶尖的，很多都是做人类食品的制造商，在质量把控方面非常严格。与此同时，佩妮携手多位科研专家联合发起的宠物科研创新联盟，发挥企业家和科研工作者的科技创新优势、提高宠物产业科技协同创新能力，推动中国宠物食品市场不断升级。

"其实中国在宠物营养方面的研究非常多，有很多成果还躺在实验室里，通过与科研机构和人员的联手，可以帮助这些研究成果迅速产业化，从根本上提高产品的品质。"

佩妮在线上线下采取双品牌的策略，线上主打佩妮6+1，以宠

物零食为切入口布局天猫、京东、小米有品和拼多多，通过极致性价比吸引客流。在小红书、抖音、微博等新兴社交平台内容传播和投放，与年轻消费者积极互动。线下主打高端品牌，主打健康养宠的生活方式，吸引品质客户。

另一方面，佩妮还通过对于线下零售网络的赋能，带动整个行业标准化的建设。通过与人力资源和社会保障部等机构协会合作，打造中国"训宠师"的职业资格标准化，通过提高宠物零售和服务人员的素质来提升整个市场的健康养宠意识。

"我们会有一些科技，营销赋能的项目给到线下的零售网络，帮助他们吸引顾客。与此同时，我们还希望从整体上提高这些线下宠物服务人员的职业荣誉感和职业素质，只有他们的素质提高了，才能够真正帮我们争取到客户的信任，从而做大整个宠物市场。"吴林表示，佩妮已经发展了近1.5万家线下的零售店，拓展到了32个城市。

实际上，通过线下服务发展客户的黏性和品牌忠诚度，也是佩妮向传统品牌取经的结果。"你看现在为什么飞鹤之类的奶企在定价比国外奶粉还高的情况下，可以卖得这么好，是因为他们了解消费者，注重地推，注重渠道和消费者服务。对于现代消费者而言，他们消费的不仅仅是产品还是一种体验，他们希望获得关于养育宠物的各种知识，这是很多国外品牌所忽视的。通过线下的渠道，我们也可以培养品牌的忠诚用户，与他们更多的互动，倾听用户的声音。"

据吴林介绍，佩妮新近推出的猫砂产品就是倾听客户反馈的结果。由于佩妮60%的产品都是猫粮，很多养猫的消费者会在群里反馈吐槽猫砂，针对很多猫砂粉尘大，易粘底的特点，佩妮特别研发了高颜值，具有超强结团能力的猫砂，一推出就受到了广大消费者的欢迎。

"看起来我们是做了很多行业协会做的事情，比如推进标准化之类的工作，实际上正是这种扎扎实实的工作，才能让市场更正规，让消费者对于国产品牌更有信心，将市场做大，把我们的产品做到极致，才是国货品牌制胜之道。"吴林说。

**品牌小贴士**

　　逐渐年轻化、高学历、高收入的宠物主越来越注意宠物的身心健康，愿意为宠物支付更高的成本、选择更优质健康的食物，这不仅极大地推动了养宠质量的上升，同时也对宠物食品的质量和多样化有着更高要求。对于佩妮6+1来说，互联网营销只是"术"，产品和服务才是"道"。佩妮做产品首要就是要健康，把国外更为健康的宠物食品理念带过来，通过线下的网络和线上的渠道与消费者进行充分的沟通，最终培养出忠实稳定的用户关系。

## 乐范：深耕移动健康领域，以爆品"破圈"

养生的年轻化、高频化，让它从一个"中老年专属"生活方式变成了全民生活方式。

Y世代、Z世代的小年轻们一边遭受着"996"的社会主义毒打，一遍又离不开硬核蹦迪，且无法做选择，养生也就成为越来越多当代年轻人的刚需。

成立仅3年，研发出数十个爆款产品的乐范，以自己的商业逻辑将养生、时尚、技术等因素串联起来，在移动健康这一细分领域闯出一片天。

"后疫情时代，健康养生意识已经成为国人尤其是年轻消费者的头等大事。"创始人戴冬英形容，"乐范代表着新一代的健康养生理念传达者，希望能够让用户在忙碌的同时能够利于碎片化的时间放松自己的身心，多爱自己一点，用快乐的方式把健康留住。"

## 聚焦移动健康细分领域

创立乐范之前，戴冬英已经在大健康领域浸淫十数年。

乐范更是孵化于亚洲最大的按摩器具产业集团奥佳华。当时的按摩器具市场，已经被几大品牌垄断。作为被孵化的新品牌，乐范选择了着眼移动健康领域，为年轻人服务，便携、实用、好看、高性价比都是乐范产品的关键词。

"乐范致力于提高新中产消费人群的健康质量，主要为年轻白领一族提供不受空间、时间限制的按摩体验。"

这是透视行业现状和前景之后的高明选择。

近年来，按摩器具的全球市场规模持续扩大。2019年，全球市场首次超过150亿美元。其中，中国已成为全球按摩器具市场需求增长最快的地区之一。据前瞻产业研究院数据，2010～2019年，中国按摩器具市场规模由49亿元增长至139亿元，至2020年，中国按摩器具市场规模预计接近150亿元。

据叮当健康研究院发布的相关报告数据显示，我国80后、90后职场白领亚健康人数比例高达82.8%，颈椎腰肩酸痛、不适等已

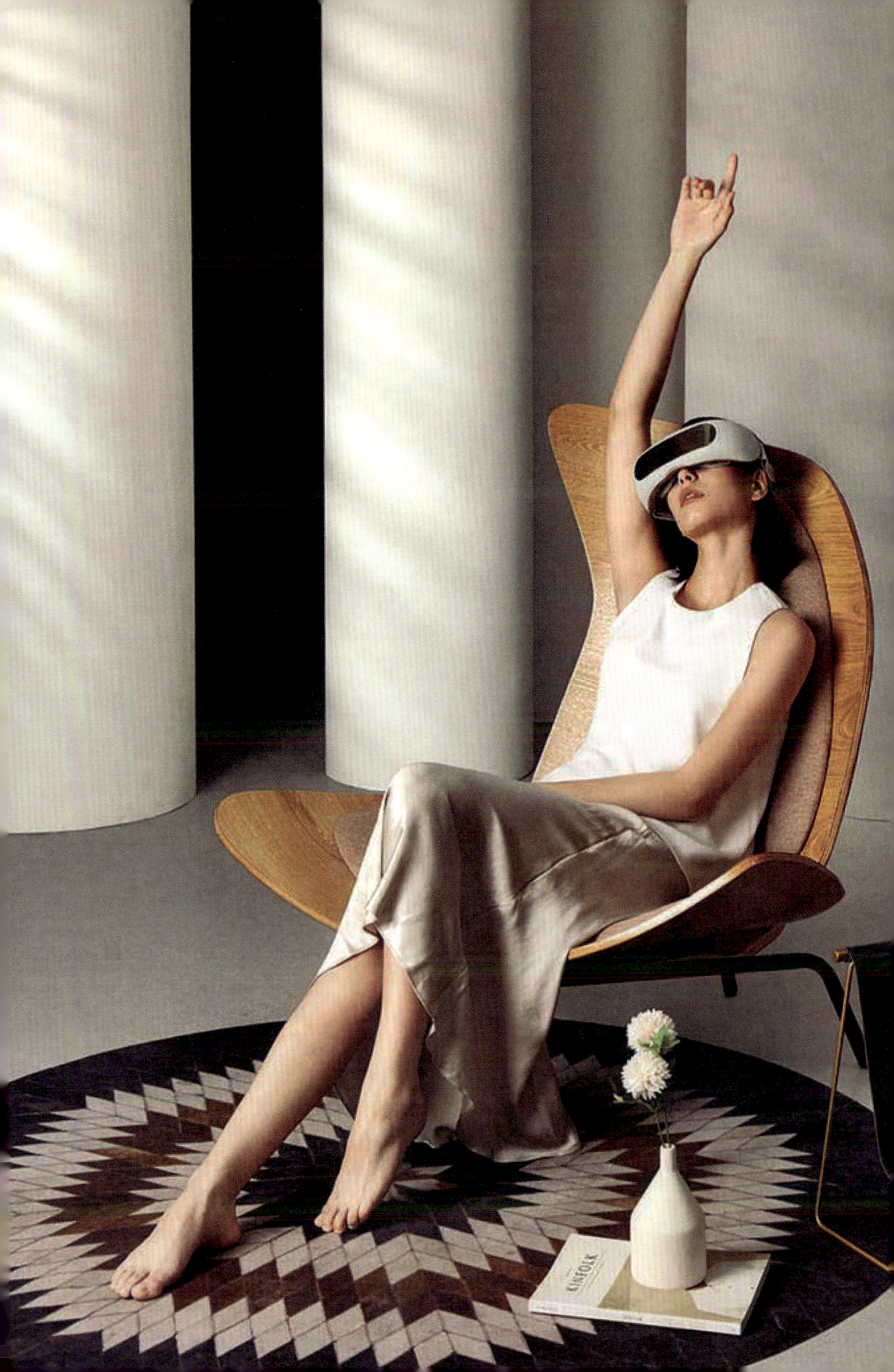
KINFOLK

成为职场常态。年轻用户们的主要需求并非高端的家用按摩享受，而是能够在快节奏的工作、生活中利用碎片化时间，随时随地享受智能化按摩产品带来的片刻放松，为身体带来全新能量。

疫情的到来，更让养生类小家电的销量呈爆发式增长：京东618大促中，按摩仪销量同比增长240%；苏宁618大促当日的健康按摩销量前10排行榜中，小型按摩器具产品占有多席，成为越来越多消费者的养生选择。

市场的扩大、用户需求的变化、恰好的时机，这些都意味着广阔的市场空间和品牌机会。

## 爆品打造法：敏锐嗅觉，高效执行

以奥佳华作为支持，乐范拥有雄厚的技术实力和超强的供应链。在这一基础上，如何以用户需求为起点，打造爆品级产品，是戴冬英和乐范所思考的。

"打造产品应该怀揣着母亲培养孩子一样的心情去研发，产品得到肯定的时候，我会感到开心，却不敢骄傲，就像认定自己的孩子还有更优秀的地方可以继续挖掘一样。"

乐范推出的第一款便携按摩类产品，是魔力贴。按摩贴的工作原理是利用低频电流（人体安全电流）对肌肉进行刺激，让肌肉主动进行收张运动，从而得到放松。

戴冬英回忆，因为是第一次上线产品，团队对市场的预判不足，导致 10 分钟内全网售罄。库存不足，平台要求最晚一周内补货上架，否则产品下线。而这款产品所用的耗材凝胶均进口于日本，备料周期都要超过 45 天。

"最终，我们紧急调拨各方资源，如期上架，成功打响了爆品第一枪。"至今，魔力贴作为乐范的明星产品全网累计已经销售超 100 万个。

2020 年的春节，正是疫情带来的"至暗时刻"。

正月初六，戴冬英就开了远程核心层会议，对今年的形势和规划做了预测和调整，并强调："眼下既是危机也是挑战，考验的是团队的供应链实力和应战实力。"

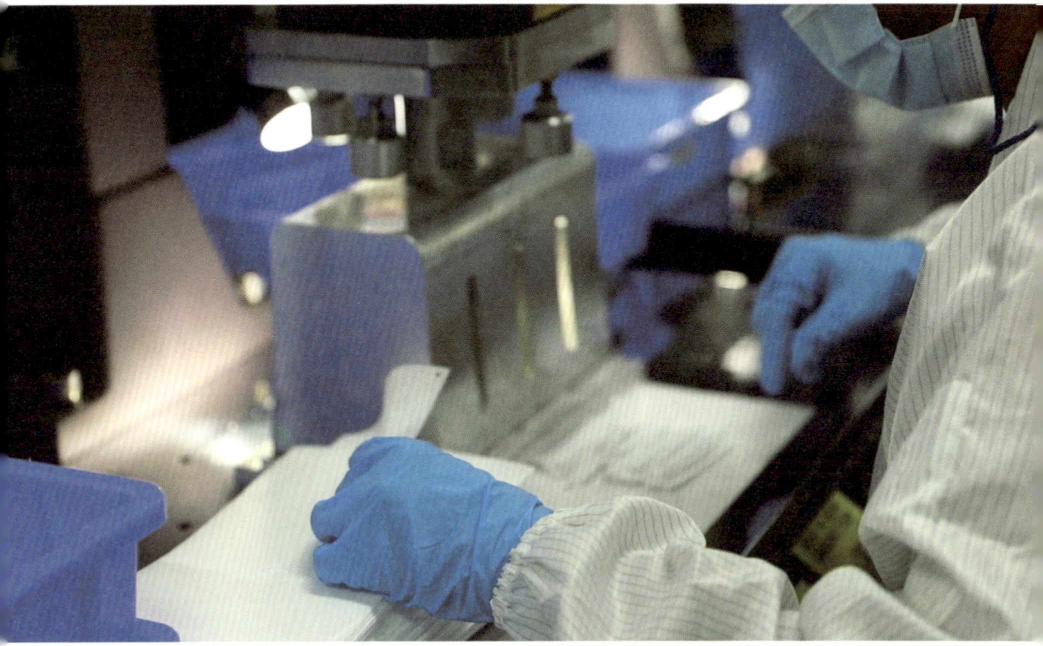

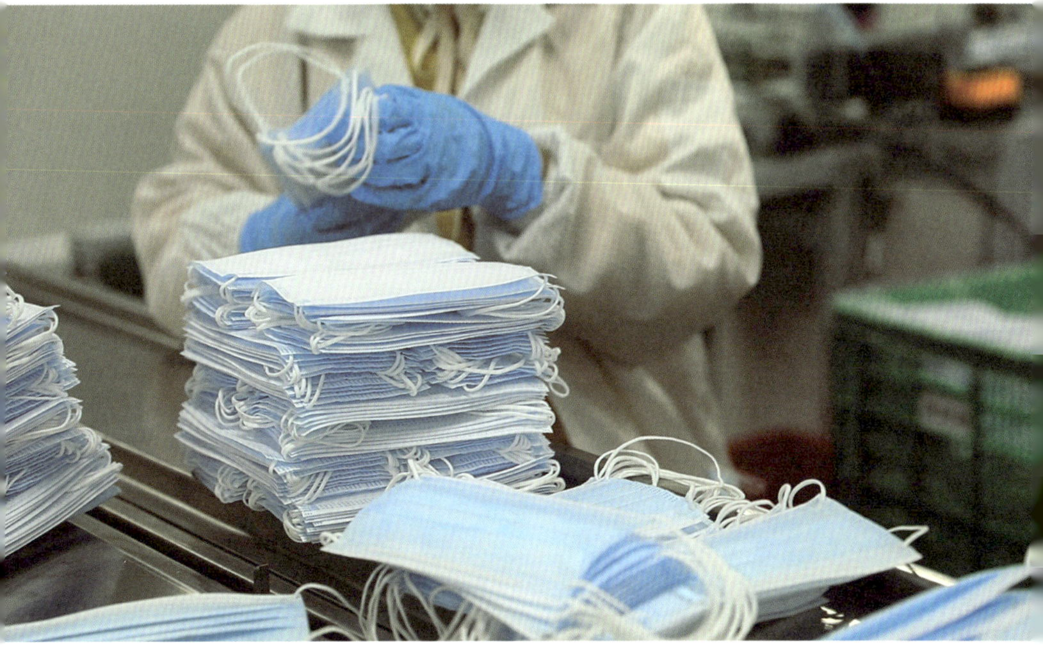

疫情发生后，口罩成为稀缺资源，乐范成为第一批快速落地调整生产线出货的企业。通过各方沟通，临时借调 10 条无菌生产线，全力生产防疫产品。从工厂协调供应链生产，到产品文案、产品拍摄和详情页制作，再到物流运输，每一环的员工都像是一台精密仪器上不可或缺的一部分。2 月 3 号产品正式上线后，立即售罄。每天追加的供应量，也都"秒售罄"，也因此开拓了不少新的渠道和资源，为之后新品的上新铺平了道路。

乐范在复工的第一时间推出两款众筹产品，短短 14 天销售额破千万，当月销售额逆势增长 236%，打响了 2020 年的第一炮，上演了一场化危为机、逆势上扬的"反转剧情"。

对市场敏锐的嗅觉、快速落地的执行，是乐范打造爆品的核心能力。

## 跨境电商、线上直播，抓住每个"风口"

我国是全球按摩器具的生产大国，也是按摩器具的出口大国。据乐意数据，2019 年全球共有 199 个国家从国内采购按摩产品，年度采购总金额达 213.81 亿人民币。美国、韩国、日本是重点市场。

疫情带来的刺激，更不容小觑。华创证券家电行业首席分析师秦一超认为："今年的疫情对于市场有一个直接刺激效应。出行减少了，在家的体验时间增多了，对于按摩器具需求会上升。

另外，目前海外发达国家市场的渗透率在 15% 左右，正处在高速上升期，这也是使得出口快速增长的一个因素。"

在开拓海外市场方面，乐范走在了前面。早在 2018 年，乐范就正式进军韩国市场，并取得不俗成绩。而在日本市场，乐范是以给日本的大品牌贴牌的形式进行销售。产品进入市场后反响不错。在这一前提下，乐范开始了品牌产品销售。

2019 年，乐范还首次亮相行业内知名的美国 CES 展会，展示了旗下健康理疗、健康办公、健康生活三个系列的健康产品，覆盖人们生活、办公、运动三个主要场景。

"这既能以新国货的身份让全世界的消费者见证中国质造的

崛起，同样能够打开北美市场，让更多的消费者了解乐范。"

2020年，亦是直播元年。

乐范迅速抓住这一"风口"，李佳琦、罗永浩、李诞及淘宝Top 5的主播都多次推荐乐范的产品。吴晓波"新国货首发"直播间、雷军专场直播，都出现了乐范的身影。

"以创新精神定义科技养生，以匠人标准打造国货精品。"乐范的发展路上，有着对产品品质的追求，对市场的敏锐观察，也有对风口的把握，和快速反应的执行。新国货的未来，也将由千万个乐范这样的新国货品牌共同创造。

> **品牌小贴士**
>
> 年轻用户们的主要需求并非高端的家用按摩享受，而是能够在快节奏的工作、生活中利用碎片化时间，随时随地享受智能化按摩产品带来的片刻放松，为身体带来全新能量。乐范代表着新一代的健康养生理念的传达者，希望能够让用户在忙碌的同时利于碎片化的时间放松自己的身心，多爱自己一点，用快乐的方式把健康留住。便携、实用、好看、高性价比都是乐范产品的关键词。

图书在版编目（CIP）数据

这个国家的新国货 / 吴晓波频道主编 . --
北京 : 中国友谊出版公司, 2021.6
ISBN 978-7-5057-5228-3

Ⅰ . ①这… Ⅱ . ①吴… Ⅲ . ①品牌战略—研究—中国 Ⅳ . ① F279.23

中国版本图书馆 CIP 数据核字 (2021) 第 090628 号

| | |
|---|---|
| 书名 | 这个国家的新国货 |
| 作者 | 吴晓波频道　主编 |
| 出版 | 中国友谊出版公司 |
| 策划 | 杭州蓝狮子文化创意股份有限公司 |
| 发行 | 杭州飞阅图书有限公司 |
| 经销 | 新华书店 |
| 制版 | 杭州真凯文化艺术有限公司 |
| 印刷 | 杭州钱江彩色印务有限公司 |
| 规格 | 880×1230 毫米　32 开<br>7.75 印张　146 千字 |
| 版次 | 2021 年 6 月第 1 版 |
| 印次 | 2021 年 6 月第 1 次印刷 |
| 书号 | ISBN 978-7-5057-5228-3 |
| 定价 | 68.00 元 |
| 地址 | 北京市朝阳区西坝河南里 17 号楼 |
| 邮编 | 100028 |
| 电话 | （010）64678009 |